U0138846

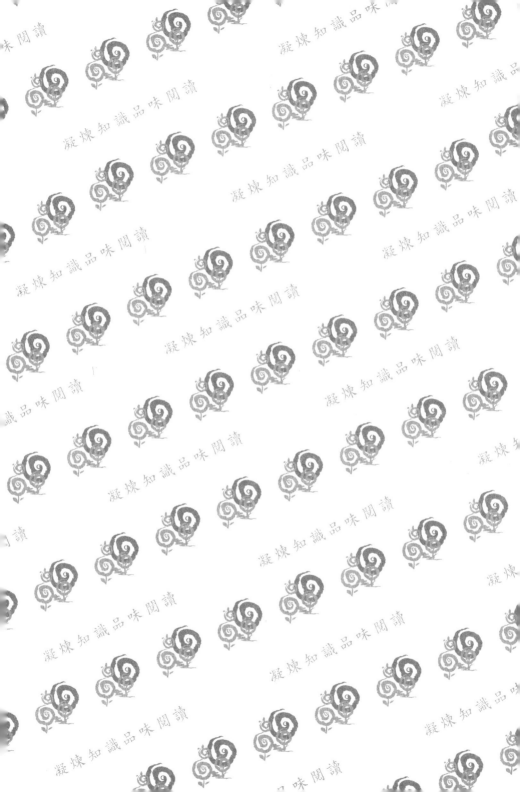

中國新外交

台日韓三方比較視野

青山瑠妙、韓碩熙、蔡東杰 主編

游智偉、傅澤民、潘欣欣、吳文欽、金東燦
佐藤考一、大嶋英一、金龍淳 合著

五南圖書出版公司 印行

主編序

　　自 20 世紀末以來，隨著所謂「中國崛起」（China rising）逐漸從假設性進行式成為某種被普遍認知之既定現實，且因美國受困於中東局勢與金融海嘯，全球領導地位備受關注與質疑，結果非但讓中國的影響力慢慢從「經濟」朝向「外交」領域外溢，尤其在 2018 年爆發雙邊貿易戰之後，美中互動不僅已成為當前最受矚目之一對雙邊關係，其未來也可能重新定義國際結構內涵。正因如此，相較長期擔任霸權角色，美國外交政策幾乎已是研究國際關係的入門基礎，至於因近期強勢崛起，或正由「韜光養晦」轉向「奮發有為」而引發廣泛討論的中國外交政策，則無疑是研究者必須積極補修的一門新課程。

　　更有甚者，目前美中關係雖逐漸從「合作中帶有競爭」朝向「競爭為主而合作為輔」的新階段，從現實角度來說，一方面此種競爭仍還不是全球性的，至於東亞地區（或從美國角度稱之亞太或西太平洋地區）則絕對處於此一對抗態勢之前線位置，據此，除了代表東南亞的東協之外，位於東北亞的韓國、日本與台灣同樣明顯感受到位處於地緣夾縫中的沉重戰略壓力。

　　基於長期交流累積之互信基礎，並為積極客觀共同探究現階段乃至未來之中國外交政策走向，台灣中興大學當代中國研究中心、韓國延世大學中國研究院與日本早稻田大學現代中國研究所自 2020 年起，決定針對此一議題推動三方長期共同研究平台，並於同年 9 月 18 日舉辦第一次工作坊，分別就當前中國外交研究之新視野、美中關係發展，以及近年中國周邊外交若干熱點進行討論；經過會後持續交換意見並修改各自文稿，最後決定付梓目前九篇文章，作為未來繼續推動研究交流之基礎。

在推動三方共同研究與彙整編纂本論文集期間，除了衷心感謝來自日本、韓國與台灣之中國外交研究者的積極熱心參與，面對處於轉型關鍵期之全球與區域結構內涵，更非常高興大家能達成持續強化此一學術平台之正面意願。當然，作為台灣最重要的學術出版商，五南圖書公司及其編輯同仁對本書之費心處理，更為此一共同研究成果有機會與各位分享，提供了最關鍵的動能，在此謹代表所有研究者給予最誠摯的謝意。

無論如何，本書僅僅是此一共同學術平台向前邁進的第一步，希望在拋磚引玉之餘，未來能邀請更多研究者集思廣益，一起為中國外交研究乃至後續國際關係發展提供更加全面且客觀之視野。

早稻田大學現代中國研究所 青山瑠妙

延世大學中國研究院 韓碩熙

中興大學當代中國研究中心 蔡東杰

謹識

2021 年 10 月

目　錄

PART 1

中國外交研究之新視野

|第一章|
中國崛起之近代歷史個案簡要比較*

蔡東杰**

* 本文原載《歐亞研究》，第 7 期（2019 年），頁 29-40，經同意授權轉載並予修改增補。

** 政治大學政治研究所博士。現任中興大學人文與社會科學研究中心主任、國際政治研究所特聘教授、日韓總合研究中心主任、當代中國研究中心主任。曾任岡山大學、高麗大學、韓國外國語大學客座研究員。研究領域為中國外交政策、東亞區域安全等。著有《瘋狂的年代：世界大戰源起與全球秩序未來》、《當代中國外交政策》、《東亞區域發展的政治經濟學》、《中華帝國：傳統天下觀與當代世界秩序》等專書十餘冊。

壹、權力轉移之理論與概念暗示

隨著全球化浪潮自 1970 年代以來逐漸受到關注，加上冷戰結構在 1991 年因蘇聯瓦解而正式告終，以及美國自 2001 年以來歷經長期中東戰爭與金融海嘯衝擊後日顯力有未逮，[1]不僅某種暗示權力重新分配之體系變遷跡象愈發明顯，於此同時，由於既有現實主義理論框架的解釋力紛紛受到挑戰，一些新的（或至少長期居於非主流地位之）理解、分析與預測角度也受到重視，例如相較於傳統權力政治慣於從靜態結構角度來觀察國家間關係（視美國霸權為固定變數），如今更重視國際內涵之動態性變遷的「權力轉移理論」（power-transition theory）逐漸吸引了更多目光與討論。[2]

從權力轉移理論的角度看來，霸權更迭現象在歷史上不僅非常自然，亦很難不是國際衝突的因變數（如同美國崛起於兩次大戰之後），至於爆發國際衝突的原因或導火線，又不外乎是若干國家（特別是主要大國）之間權力對比出現趨於均衡（parity）或甚至超越（overtaking）現象所致。[3]其中，所謂「均衡」意指潛在挑戰者在完

---

[1] 美國分別在 2001 年與 2003 年以「反恐」為由，發動阿富汗戰爭與伊拉克戰爭，後者在 2011 年宣告結束，前者則遲至 2021 年才撤出，並已成為美國史上介入時間最長的戰爭。

[2] 此概念最早由 A. F. Organski 提出，相較於傳統權力平衡（balance of power），他認為權力很難被真正地平衡；A. F. Organski, *World Politics* (New York: Alfred A. Knopf, 1958).

[3] A. F. Organski and Jacek Kugler, *The War Ledger* (Chicago: University of Chicago Press, 1980); Manus Midlarsky, *The Onset of World War* (Boston: Unwin Hyman, 1988); Jacek Kugler, et al., *Power Transition: Strategies for the 21 Century* (New

成了某種「追趕」（catch-up）政策（這通常暗示藉由成功的經濟成長而提升其軍備競賽與政治影響力）後，權力值逐漸拉近與霸權國家距離；[4]至於超越，則是指潛在挑戰者不僅有效拉近與霸權國家的權力差距，甚至透過某種躍進式發展導致其能力凌駕於原先霸權國家之上。[5]該理論進一步指出，一旦出現「客觀」的均衡或超越現象，以致影響相關國家對於國際權力分配現狀之「主觀」看法時，爆發國際衝突之機率將相對提高（或難以避免）。換言之，當原先抱持現狀政策者不再滿意於既存權力規則時，無論霸權國家或挑戰者都可能透過發動「預防攻擊」（preventive strike）或「先制攻擊」（preemptive strike），以便取得對於未來秩序的優先發言權。[6]

　　根據權力轉移理論對所謂「權力層級化」現象的描述，它將國際結構之權力金字塔區分成了主宰國家（dominant nations）、強權國家（great power）、中等國家（middle power）與弱小國家（small power）等四個層級，至於所謂權力則由能夠作戰與工作的人數、國

York: Chatham House Publisher, 2000).

[4]　Moses Abramovitz, *Thinking about Growth and other Essays on Economic Growth and Welfare* (Cambridge: Cambridge University Press, 1989), pp. 220-242.

[5]　Elise S. Brezis, Paul R. Krugman, and Daniel Tsiddon, "Leapfrogging in International Competition: A Theory of Cycles in National Technological Leadership," *American Economic Review*, 83: 5 (1993), pp. 1211-1219.

[6]　近年來由 Graham Allison 提出之「修昔底德陷阱」（Thucydides Trap）概念，也不嘗反映了類似想法。Graham Allison, "The Thucydides Trap: Are the U.S. and China Headed for War," *The Atlantic*, September 24, 2015; *Destined for War: Can America and China Escape Thucydides's Trap* (New York: Houghton Mifflin Harcourt, 2017).

民經濟生產力，以及政治系統整合資源完成國家目標的能力等三個要素所共同組成。值得注意的是，儘管「權力」問題經常是國際衝突的源起，但權力轉移理論不認爲這些衝突一定都環繞「霸權」位置打轉；換句話說，正因權力問題無所不在，而國際權力結構本來也呈現著階梯式金字塔狀態，因此，理論上國際衝突可能發生在結構中的任一階梯，亦即在中小國家之間也到處存在對立情勢，事實也是如此。

其次，除了突出結構的動態性外，權力轉移理論與傳統權力理論之差異還在於，它主張安全議題與經濟議題是沒有差別的，也就是說，它假定國際經濟關係與權力關係緊密地結合在一起，而決策者在合作或競爭之間的抉擇，往往也引導著政治與經濟的互動；[7]進言之，經濟問題既是引發衝突的原因，同時也可能是衝突的場域。特別對「不滿意國家」（un-satisfied state，無論霸權或挑戰者）來說，除了傳統安全威脅層面，經濟考量亦將成爲決策重心。據此，權力轉移理論提出了以下幾個政策假設：一、強權國家可能使用貿易政策來轉變不滿意國家的喜好（例如美國在 1947 年建立布萊頓森林體系，在 1980 年代後普遍利用所謂 301 條款，或川普政府在 2018 年對中國發起之全面貿易戰）；二、儘管不易進行長期觀察，但以經濟制裁對付不滿意國家在短期內可能是有用的；三、強權國家多半會盡力維持貨幣穩定（本國匯率與國際市場），因爲它們自身是此種穩定的最大受益者；四、爲避免出現「均衡」或「超越」現象，多數強權國家都會

---

[7] Jacek Kugler, et al., *Power Transition: Strategies for the 21 Century*, Chapter 5.

限制高質量勞工與關鍵技術流向潛在挑戰國家（例如，無論美國或歐盟都公開限制高科技輸出，並指責某些競爭者試圖進行竊取）。

　　總而言之，當國際合作性態勢持續時，特別是如果所有滿意現狀的國家之間能完成政治與經濟的整合，則儘管發生所謂權力轉移現象，體系之大致和平與穩定仍能夠被確保（例如 NATO 在美國與歐洲之間扮演的功能，雖然 1993 年後歐盟深化整合確實讓雙邊關係趨於緊張與複雜化）。不過，國內經濟擴張的動力仍會帶來國際結構重塑的效果，而結構內涵的改變與權力重新分配則或將增加戰爭爆發的潛在可能性。

貳、崛起之內、外部條件分析

　　在聚焦權力轉移的「轉捩點」（turning point）之前，不僅瞭解帶來結構均衡現象之「大國崛起」（power rising）同樣重要，甚至此一現象往往是國際關注焦點所在，但在此依舊應該進一步釐清以下幾個常被忽略的問題：何謂崛起？如何才能崛起？如何能支撐崛起以致超越既有強權？既存領導強權如何看待崛起現象並加以應對？對此，我們先將目光聚焦在追趕者身上，其「成功」條件至少包括了以下四個部分：

一、必要之制度變革（necessary institutional evolution）

　　如前段所述，所謂崛起反映了某種「權力差距縮小」之現象，且倘若暫時排除了領先者之「絕對衰退」（absolute declining）的話，這意味追趕者必須透過某種制度變革（改變累積權力之方法），找到提供「加速度」（acceleration）之可能性，以便提高發展效率並在短期內擴大權力累積規模，從而對領先者帶來威脅。一般而言，此種變革多半具有政治與經濟複合性，前者主要在降低交易成本，後者則重點在提高生產效能。值得注意的是，制度變革（變法革新）在人類歷史中個案甚多，但多數受到傳統慣性制約而未能成功，且即便獲致成功，也未必能反饋且外溢至所謂追趕現象上面。

二、足夠時間（enough time）

即便制度變革方向正確，亦即其結果確實能有效地提高累積效率，畢竟最終標的乃「縮短權力差距」，因此足夠的時間既不可免，從歷史事實看來，所需時間至少也在 50 年至 100 年之間。

三、有利之地緣位置（favorable geo-political position）

前面兩項條件乃追趕者可「嘗試主動掌握」的，不過，即使選擇了正確之制度變革方向，且可持續一段時間進行累積，由於這些作為均不可能為祕密，且往往公諸於世，因此必須同時關注領先者的「感受」。從某個角度看來，領先者顯然「不太可能容忍」前述追趕過程，且一旦認定其為潛在威脅，自然也會採取反制措施，此時，追趕者所處之地緣位置將帶來或導致兩種結果：首先，假使追趕者在崛起時處於國際體系相對邊陲地位，將因受到較少關注或增加干預成本而爭取到更多時間，其次，則追趕者若「不幸」處於當下體系相對核心位置，則將因視覺聚焦效果而可能提前遭到壓制（甚至是某種集體壓制）。

四、成功應對挑戰（successfully response to challenge）

除了可能因處於權力眞空，或因存在均勢體系以致缺乏明顯領先者之外，根據國際結構之階層性特徵及其權力慣例，以及前述權力轉移理論之暗示，一旦追趕者成功縮小權力差距，則勢必受到領先者反制，從而帶來崛起過程的關鍵「挑戰時刻」（challenging point），而這也將決定崛起之最終結果。值得一提的是，此一時刻之來臨固然可能由於成功頂住壓力，也可能由於在客觀環境中存在著結構鬆動特質，以致提供了某種「戰略機遇期」（period of strategic opportunity）特殊情境所致。

當然，由於受限歷史時期、不同地緣位置與體系結構特徵，以及崛起個案各自之特殊性，提供普遍性之崛起分析並不容易，但以下仍將嘗試以前述論據爲出發點，進行若干個案研究。

參、大國崛起與權力轉移之歷史案例

假使單單聚焦近代歷史（modern history）階段，我們可找到以下幾個公認之崛起個案，包括：17 世紀的法國，18 世紀末的英國，19 世紀末的美國、德國、日本，以及 20 世紀末的中國等（如表 1.1 所列），以下便就其歷史發展梗概分別加以簡述。

一、法國

雖然 12 世紀末腓力二世（Philippe II Auguste，1180-1223 年在位）時期，法國曾由落實社會關係的貨幣化出發，以專業人員取代兼

表 1.1　大國崛起之若干歷史個案

國家	關鍵年代	制度變革	結構位置	權力挑戰
法國	1590s-1640s	宗教寬容、開明專制	歐洲核心地帶	大同盟、天然疆域
英國	1690s-1790s	光榮革命、工業革命	歐洲邊陲地帶	採行光榮孤立政策
美國	1830s-1900s	西進運動、自由資本主義	歐洲以外邊陲	採行孤立主義政策
德國	1860s-1890s	俾斯麥式國家資本主義	歐洲核心地帶	兩次世界大戰
日本	1870s-1910s	明治維新	歐洲以外邊陲	華盛頓會議
中國	1980s-2010s	改革開放、特色社會主義	位處遠東地區	美中貿易戰

職貴族，組成一個更有行政效率的官僚體系，從而一度創造出某種「崛起」跡象，但在 14 世紀中期以後的一個世紀當中，包括飢荒、黑死病與英法百年戰爭等，最終仍為其帶來挫折。至於在 16 世紀初期由宗教改革導致之教派紛爭，非但在 1618 年至 1648 年引爆堪稱歐洲首度「世界大戰」（world war）的三十年戰爭，也為法國再次提供了一個崛起契機。首先是亨利四世（Henri IV）於 1598 年藉《南特敕令》（*Édit de Nantes*）宣布信仰自由，從而提供社會和解與經濟復甦之契機，接著路易十三（Louis XIII）在李希留（Richelieu）輔佐下建立起一個中央集權式現代國家，並利用當時歐洲領導者，以神聖羅馬帝國為核心之哈布斯堡王朝衰退之際，成功結合西北歐封建貴族在三十年戰爭中取勝，建立霸權基礎；最後，路易十四（Louis

XIV）時期又進一步鞏固絕對君主制，並以建立「天然疆界」爲由，數度介入或發動大規模國際戰爭。

值得注意的是，位於歐陸核心地帶之地緣位置，隨即讓法國的稱霸企圖遭致各國反制，特別是奧國在 1688 年聯合英國與法國以外所有歐洲大國率先組成「奧格斯堡同盟」（League of Augsburg）後，翌年更因英國在結束光榮革命後決定加入，進而改稱「大同盟」（Grand Alliance），公開揭櫫「反法」爲唯一目標，自此持續至 1714 年爲止，[8]堪稱歐洲最大規模之「合縱」嘗試，也讓路易十四的霸權野心面臨最大挑戰。

二、英國

相較法國透過專業官僚機制與集權制度來提高政策效率，從而拉開了與同時期其他封建王朝之間的權力差距，英國則不啻提供了一個相對性案例。長期處於歐洲邊陲（無論所擁有權力或其地理位置）的英國，因弱勢王權帶來長期政治分權（decentralization）特徵，尤其在 1688 年至 1689 年之光榮革命（Glorious Revolution）帶來《權利法案》（*Bill of Rights*）並奠下內閣制基礎後，對比法國透過專業官僚來提高政策效率，英國則在分權設計下，轉而追求「理性、自由、彈性」等制度原則，加上 1760 年代身爲工業革命先驅者帶來的經濟爆發力（革命在英國爆發不啻是相對自由環境下的結果），從而使其

8　由神聖羅馬帝國（奧地利）、英國與尼德蘭在 1701 年簽署《海牙條約》所組成的聯盟，也被稱爲「第二次大同盟」；Anne Somerset, *Queen Anne; the Politics of Passion* (New York: Vintage, 2014).

獲得了崛起的歷史契機，至於 1789 年法國大革命後，因接踵而至的拿破崙戰爭引發歐陸亂局，更讓英國得以利用其邊陲位置，避免被完全捲入爭端。

必須說明，英國雖一般認為在 19 世紀具有「霸權」（hegemony）地位，實則由於缺乏足夠登陸干預能量，以致在歐洲國際影響力有限，這也是它為何長期自稱採取所謂「光榮孤立」（splendid isolation）政策的緣故，[9]至於此際歐洲大陸陷入均勢（balance of power）競爭狀態，雖讓它在崛起過程中免於面對既存領先者的挑戰，另方面也是英國消極霸權政策之果，但亦正因此種結構，從而反過來限制了其權力擴張。[10]

三、美國

進一步來說，英國所以自我限制政策，固然由於它缺乏必要之登（歐）陸作戰能力，自 15 世紀地理發現運動以來逐漸成形的一個「全球化結構」，吸引了英國去建立一個龐大之跨洲殖民帝國，但此一結構本身之鬆散性，亦在 19 世紀後半期為若干追趕國家提供了某種權力縫隙，例如美國、德國與日本。

首先，在利用法國革命及其後歐洲亂局保障了解殖民後之獨立

---

9 所謂「光榮孤立」並非英國自稱，且其內涵主要為「不結盟」（non-alignment）。

10 Andrew Porter, *The Oxford History of the British Empire*, Vol. 3 (Oxford: Oxford University Press, 1998), p. 322; Douglas M. Johnston and W. Michael Reisman, *The Historical Foundations of World Order* (Leiden: Martinus Nijhoff Publishers, 2008), pp. 508-510.

地位後，直到 19 世紀爲止，美國始終秉持某種「孤立主義」外交傳統，避免被捲入複雜之歐陸局勢。無論如何，起自 18 世紀末的「西進運動」，尤其 Andrew Jackson 總統於 1830 年以《印地安人遷移法案》（Indian Removal Act）提供法理基礎，一方面讓美國得以加速擴張領土，[11]1860 年至 1864 年的內戰也在黑奴獲得「解放」之餘，使其擁有推動工業化所需的勞動力來源，從而正式啓動了其崛起進程。不過，事實是直到 19 世紀末期爲止，美國崛起態勢（或至少對體系核心之影響力）仍不顯著，例如 Alfred Mahan 在 1890 年出版《海權對歷史之影響》（The Influence of Sea Power upon History）一書，便間接突顯出美國因隔了兩大洋以致遠離世界島，因此處於絕對地緣困境之可能焦慮感（海洋限制了其投射能力），1893 年經濟危機亦一度動搖其社會穩定基礎；儘管如此，如同位於大陸邊陲的英國在 18 世紀末利用歐洲權力政治動盪作爲崛起契機一般，因大西洋更加遠離歐洲的美國，也以 20 世紀初期兩次世界大戰爲機會，將地緣劣勢轉化爲優勢，同時以其更有利於落實自由資本主義之民主制度設計，最終取代英國成爲新興霸權國家。

四、德國

　　相較於英國與美國，德國的地緣特徵與法國較相近，甚至於，由

---

[11] Robert D. Kaplan, *Earning the Rockies: How Geography Shapes America's Role in the World* (New York: Random House, 2017)；1846 年至 1848 年的美墨戰爭（Mexican-American War）也讓美國獲得墨西哥近半數國土。

於它更接近歐洲大陸核心位置，加上地處東歐大平原（西起法國東北部，向東穿越波蘭延伸至烏拉山脈），位居「四戰之地」不啻使其承受相當大之地緣壓力。在 Bismarck 於 1862 年擔任首相後，先以鞏固王權與軍國主義（militarism）等集權化政策為基礎，在 1871 年完成民族統一，其後，則以「國家資本主義」（state capitalism）作為工業化追趕原則，在短短 30 年內崛起成為一個潛在的強權國家。德國的快速崛起不僅受到既存霸權英國的關注，迫使後者自 1890 年代起逐步放棄「不結盟（光榮孤立）政策」，並在 1900 年代對德國發起壓制性海軍競賽，從某個角度看來，第一次世界大戰不啻是場「修昔底德式戰爭」（Thucydides War），最終以德國戰敗，英國暫時保住霸權收尾；至於 Adolf Hitler 在 1930 年代帶領德國試圖突圍的結果，則再度引發另一場「修昔底德式戰爭」（第二次世界大戰），德國與英國兩敗俱傷，美國則趁勢崛起成為霸權。[12] 可以這麼說，地理條件（位於體系中央且缺乏可資憑藉之天然疆界）乃德國崛起之最大挑戰與致命傷。

五、日本

作為 19 世紀末「非西方崛起」（non-Western rise）典範，起自 1868 年的「明治維新」顯然是日本崛起關鍵。在此之前，日本長期存在分權式封建體制，江戶時期在 1633 年至 1854 年間的「鎖國」政

---

[12] Graham Allison, *Destined for War: Can America and China Escape Thucydides's Trap* (New York: Houghton Mifflin Harcourt, 2017), Chapter 4.

策雖提供了社會穩定基礎，並由此帶來一定人口與經濟增長，但此種內向式保守主義（inward conservatism）畢竟難以因應歐洲帶來之全球化挑戰。如同中國在 1860 年代推動的「自強運動」，日本的「明治維新」亦試圖引進西式制度來提高政策效率與國家競爭力，但差異在於結果迥異。更重要的是，日本不僅透過制度現代化自我轉型，位於遠離歐洲，甚至在東亞也地處邊陲的位置（相較中國吸引了多數歐美國家目光，使其得以在相對較低外部壓力下展開轉型），顯然成為有助其轉型成功的地緣因素；儘管如此，隨著日本在中國「帝國崩解」後代之成為區域權力核心，1921 年至 1922 年召開的華盛頓會議（Washington Naval Conference）顯示西方開始聚焦日本並嘗試予以壓制的企圖；其後，日本雖一度利用歐洲戰爭危機來緩解壓力並展開擴張，最終仍在第二次世界大戰後受到美國所控制。

　　值得一提的是，不僅位居「大西洋中心體系」之相對邊陲地位，為日本爭取了一次崛起契機，在冷戰隨二戰結束接踵來臨後，美國的區域戰略布局又為它提供了「二次崛起」的機會（德國亦然），只不過在「和平憲法」制約下，日本只能躑躅於政治與經濟影響力不對稱之困境當中；相對地，德國或許因認清難以突破地緣限制，決定義無反顧投入歐洲區域整合之路。

肆、歷史啓示與中國崛起之前景

一、關於崛起歷史現象之再思考

總的來說，所謂「崛起」議題並不能單純聚焦於挑戰者之權力提升，並著眼於可能潛藏之衝突風險而已，深入探究其結構變遷內涵更為重要。此處雖然基於篇幅限制，無法對前述選擇性近代歷史崛起案例進行詳盡描述，但透過提綱挈領式之初步整理，同時參照前述所列「崛起之內、外部條件」，或許仍可獲致以下三項初步之觀察結果：

（一）關於制度改革：不能否認，提供累積加速度之制度革新雖為崛起之「必要條件」，但在方向上顯然缺乏邏輯一致性；例如，強化集權之改革（法國、德國與日本）固然可以提高效率，同時亦可能減損政策理性，從而帶來採取冒進戰略之風險（無論法國路易十四、德國希特勒或日本近代侵華布局，無疑都是種高風險選項），至於分權性改革（英國與美國）則雖可以提供彈性與機會，並在對民間放權讓利之下出現爆炸性積累成果，卻通常無法兼顧效率面向（亦即需要耗費更多時間完成崛起）。當然，關鍵制度變革又往往必然涉及「關鍵人物」，但此處暫且略過不提。

（二）關於地緣位置：位於相對具邊陲性之地緣政治位置（英國、美國與日本）將由於面對著相對較小之結構壓力且不易受衝突波及，而可能獲得某種崛起契機（包括相對較充足之時間），相對地，若地緣位置趨近結構核心（例如法國和德國），則不僅承受較大外部壓力，抑或可能驅使其傾向集權式改革與激進式對外政策，並更頻繁地運用戰爭手段來落實政策。

（三）關於修昔底德陷阱：若當時國際結構「階層化」特徵明顯，且居於地緣核心位置（如法國與德國），由於可能存在明顯既得利益者，崛起過程或將出現部分之「修昔底德現象」（儘管此一推論其實無法提供絕對定義），相對地，若國際結構特徵趨於權力分散，且崛起國家地緣位置略偏邊陲（例如英國、美國與日本），則前述現象或許較不明顯（英國在 1902 年至 1920 年與美國自 1950 年代以來選擇與日本結盟而非加以壓制，乃是一例）。

二、關於近期「中國崛起」現象之觀察

自 1978 年啟動改革開放政策以來，至少在經濟層面，中國的正向發展便以清晰可見的速度前進，且正因其崛起對美國霸權地位開始浮現潛在威脅（至少在華府菁英眼中），愈來愈多人開始關切此一崛起現象之後續結構性影響，包括中美出現「權力轉移」的可能，[13]以及中國是否轉變其原先傾向「維持現狀」（韜光養晦）之政策路徑等。[14]無論中國的外交政策是否正趨於更積極主動，在 2008

---

[13] Ronald Tammen and Jack Kugler, "Power Transition and China-US Conflicts," *Chinese Journal of International Politics*, 1: 1 (2006), pp. 35-55; Thomas J. Christensen, "Fostering Stability or Creating a Monster? The Rise of China and U.S. Policy toward East Asia," *International Security*, 31: 1 (2006), pp. 81-126; Steven Chan, *China, the US, and the Power-Transition Theory: A Critique* (London: Routledge, 2008).

[14] Alastair Johnston, "Is China a Status Quo Power?" *International Security*, 27: 4 (2003), pp. 5-56.

年全球金融海嘯影響下，中國不僅在 2009 年至 2010 年 G20 高峰會中成為最受關注的對象，領導人胡錦濤更在 2010 年底《富比士》（Forbes）雜誌公布的「全球最具影響力人物排行榜」中，一度擠下歐巴馬高居首位，於此同時，中國 GDP 規模也正式在 2010 年超越日本，成為全球第二經濟體。

除同樣進行了必要且傾向成功（相較 19 世紀末）之制度變革外，中國在地緣層面原本也與日本類似，都位於遠離歐美核心的有利邊陲地帶，不過，隨著科技進步與全球化浪潮帶來「世界縮小效應」，尤其近年來亞洲各國在經濟、外交與軍事方面與中國愈發接近，使北京隱然有朝向區域霸權地位靠近的跡象，[15]結果讓美國自 2009 年以來透過「重返亞洲」（Pivot to Asia）逐漸將戰略重心往東亞轉移，以因應中國崛起態勢（同時思考對自身霸權的潛在威脅），從而間接縮短了中國與「核心」的距離。

進一步來說，中國自 2000 年超越日本，成為美國最大貿易逆差來源後，對美國貿易順差便由 2002 年的 427 億美元增長到 2014 年 2,370 億美元，甚至根據 IMF 估計，中國根據購買力平價（PPP）計算的 GDP 總值也正式在 2014 年超越美國（儘管名目 GDP 可能還得

---

[15] David Shambaugh, "China Engages Asia: Reshaping the Regional Order," *International Security*, 29: 3 (2004/05), pp. 64-99; Brantley Womack, "China and Southeast Asia: Asymmetry, Leadership and Normalcy," *Pacific Affairs*, 76: 4 (2003/04), p. 526; Paul H.B. Godwin, "China as Regional Hegemon?" in Jim Rolfe ed., *The Asia-Pacific Region in Transition* (Honolulu, Hawaii: Asia-Pacific Center for Security Studies, 2004), pp. 81-101.

等到 2030 年前後），這些無疑都深化了美國的不安全感。更甚者，從中國經濟總量超越美國的預估點，一路由 1990 年代的 2050 年、2000 年代的 2025 年至 2030 年，到 2010 年後波動於 2016 年至 2026 年間，潛在時間點不斷被提前，既暗示了明顯的「追趕」態勢，相較冷戰時期美蘇對抗主要僅以「軍事」平衡為主，美中競爭顯然更全面性且差距更小。

儘管雙方迄今似乎仍努力規避所謂「修昔底德陷阱」（直接軍事衝突），但考量到「核武嚇阻」為傳統衝突帶來之制約，以及前述經濟議題在當前國際社會之重要性與分量，即便中美當下存在的乃某種既非熱戰，也非冷戰，或許可稱「溫戰」（tepid war）的狀態，雙方爆發直接軍事衝突的機率雖或許並不高，事實上在經濟與政治（價值）等層面的激烈對抗卻早已不亞於熱戰。甚至從某個角度來說，2018 年以來餘波盪漾的「貿易戰」（trade war）或許早已經驗證了「修昔底德陷阱」的存在，只不過其形式並非傳統途徑（軍事對抗）罷了。

在近期美中日益劍拔弩張之互動態勢當中，在面對美國施壓同時，中國似乎正以其經濟崛起提供的龐大能量為憑藉（中國幾乎是所有東亞國家之最大貿易夥伴，取代了美國自冷戰以來的角色），並利用金融海嘯提供的結構轉型契機，逐步在區域事務中朝向平衡者（balancer），甚或潛在區域霸權競爭者（potential competitor for regional hegemony）邁進。大體言之，從中國近期綜合國力大致仍持續上升，國際情勢則充滿各種衝突與潛在之不確定變數看來，利用當前國際結構「缺口」以落實其新世紀以來的「走出去」戰略，並以周邊（亞洲）為首要階梯，應該仍是未來中國對亞洲外交政策的思想指導原則，至於美國之政策應對將如何影響其下一步與未來，[16]則需要持續進行觀察。

---

[16] Michael Clarke and Anthony Ricketts, "Donald Trump and American Foreign Policy: The Return of the Jacksonian Tradition," *Comparative Strategy*, 36: 4 (2017), pp. 366-379.

第二章
中國對外政策結構之轉變：從「富國外交」到「強國外交」[*]

青山瑠妙^{**}

* 本文原載《國際問題》，第 685 期（2019 年），頁 35-44，經同意授權轉載並予修改增補。

** 日本慶應義塾大學博士。現任早稻田大學亞洲太平洋研究科教授。曾任美國史丹福大學、喬治華盛頓大學客座研究員。研究領域為國際關係理論、政治學、現代中國政治與外交。著有《現代中国の外交》、《中国のアジア外交》、《超大国・中国のゆくえ：外交と国際秩序》等專書。

壹、緒論

　　自改革開放施行以來，中國藉由約 40 年經濟成長之經驗，使其影響力在全球逐漸擴張，從而朝向超級大國發展。繼毛澤東「建國」及鄧小平「改革開放」之創舉，習近平以「強國」領導人自居，為其掀起建國以來第三次革命，[1]中國外交形貌亦從「富國外交」轉向「強國外交」。另一方面，中國在此 40 年間所處國際環境已然發生相當變化。西方國家對中交往政策觀點，從改革開放推行接觸政策，接納其成為國際社會一員至今，情勢已然愈顯緊張之勢。目前，針對是否繼續維持對中交往政策之議題，美國學者及政府官員意見顯著趨於強硬。隨著美中貿易戰持續進行，川普政權在 2018 年 1 月公布之「國防戰略」中，認定中國相較俄羅斯、北韓、伊朗、跨境恐怖勢力而言，是其主要競爭者。其後，美國國防部於 2019 年 3 月公布之《印太戰略報告》中，重申與日本及臺灣等可信賴夥伴共同合作，以確保自由開放之國際秩序戰略得以維持。拜登政府也沒有放棄川普的對中強硬政策，積極聯合同盟國強化對中國的戰略包圍。白宮印太協調人在 2021 年 5 月明確表示，美國與中國接觸的時代已經終結。

　　歐洲聯盟（EU）亦在 2019 年 3 月公布之「歐中關係戰略展望文件」中，將其定位為「推動不同治理模式之國際體系競爭者」。面臨其銳實力之澳洲、紐西蘭等國，對中國透過輿情操作將其影響力滲透

---

[1]　Elizabeth C. Economy, *The Third Revolution: Xi Jinping and the New Chinese State* (Oxford: Oxford University Press, 2018).

至民主國家之國內政治的行動，使態度也愈顯警戒。

　　中國與西方先進國家對立愈發顯著，在西方國家眼中，中國逐漸被視為「威脅」，並認定為「試圖向世界推動非民主制度之意識形態競爭者」。然而，此一國際情勢之發展，與中國近 40 年間之外交政策發生結構性轉變有關。鑑於中國經濟崛起導致國際體系權力產生變化，同時共產黨為確保其執政正當性，令中國對外政策之目標、優先順序及對外戰略逐漸產生轉變。因此，本文以國際體系權力平衡變化，中國如何認知國際情勢及對外政策之目標、對外戰略，與對外政策制定及執行過程中國內制度之變化等三個面向探討中國對外政策之結構性轉變，思考對中交往政策之有效性。

貳、中國之國際情勢認識與對外政策目標轉變

一、「富國外交」之推動

　　自 1978 年改革開放推行以來，中國國內生產毛額（GDP）估計為 3,645 億元，人均 GDP 約 381 元，鑑於當時狀況之考量，時任最高領導人鄧小平提出「到 21 世紀中葉，人均國民生產總值達到中等發達國家水平」之目標。[2]冷戰結束後，中國認為後冷戰之國際秩序將從兩極體系轉向「一超多極」（即美國為超級大國與其他若干大國）之結構。[3]儘管當時國內在「一超多極」之討論中，對中國是否

---

[2]　鄧小平，《鄧小平文選第 3 卷》（北京：人民出版社，2009 年），頁 328。

[3]　高木誠一郎，〈ポスト冷戰構造と中国外交の「新段階」〉，《國際問題》，第 394 期（1993 年 1 月），頁 18-19。

可以被視為多極中的一極問題上意見有分歧，但是從整體來說，當時中國並沒有過於高估自身經濟力及政治力，中國被定位為發展中國家。

在改革開放初期的「獨立自主外交」及冷戰後的「韜光養晦」之口號下，自1980年代以來，中國政府為創造和平的國際環境，將外交政策的重點放在了發展自身經濟上。這個階段的中國外交可稱為富國外交，其特徵可彙整為以下三點。

首先，為了獲取經濟發展所需之資金與技術，富國外交著重加強與日本及歐美等先進國家之關係發展。1989年天安門事件以後，中國雖然也因為需要在人權及主權議題上的支持，一轉1980年代輕視開發中國家態度之外交，開始加強與亞洲及非洲國家等開發中國家之關係，並從2000年代開始接觸拉丁美洲國家及太平洋島國，然而與先進國家之關係，特別是與超級大國美國之關係，則是被視為「重中之重」，一直高度備受重視。

第二，對於西方國家主導國際秩序和既有國際組織及區域組織，中國參與態度愈顯積極。自改革開放後，中國開始全面並積極參加國際組織，藉由聯合國安理會常任理事國及援助國之「大國」身分，同時為求經濟發展從而尋求資金援助之「開發中國家」身分，以此雙重身分積極參與既有國際組織。

1990年代，中國達成「接軌」西方主導國際社會之國策。2001年12月，經由15年之斡旋，中國與世界貿易組織（WTO）達成談判，最終加入WTO。中國加入WTO被視為與國際經濟接軌之重要象徵。

在富國外交下，多邊主義亦在中國外交政策中開始萌芽。自1990 年代後半開始，中國積極參與區域組織，到目前為止，中國已經和所有區域組織建構了合作框架。[4]在亞洲的部分，1996 年中國與東南亞國協（ASEAN）開展對話夥伴關係，2001 年成立上海合作組織（SCO），2003 年啟動六方會談（美韓日中蘇、北韓），並於 2005 年以觀察員身分參與南亞區域組織之南亞區域合作聯盟（SAARC）。歐洲方面，中國推動中國・歐盟高峰會及中國・中東歐高峰會。非洲方面，則是以中非論壇（FOCAC）及非洲聯盟等兩個框架進行行動。此外，阿拉伯區域則是參與中國－阿拉伯合作論壇、中國－波斯灣合作理事會（GCC）戰略對話。拉美加勒比區域則是建構中國・拉美和加勒比國家共同體（CELAC）戰略對話。此外，自 2006 年起，中國開始接觸太平洋島國，並設立中國－太平洋島國經濟發展合作論壇。

中國與東協國家之間於 2002 年締結《南海各方行為宣言》，並於 2003 年開始主導六方會談，中國此種積極參與國際秩序及區域組織，並在推動區域和平中發揮建設性角色的外交態度，被視為西方國家對中國接觸政策之成果，得到國際社會相當高的評價。[5]

---

[4] 青山瑠妙、天兒慧，《超大国・中国のゆくえ2：外交と国際秩序》（東京：東京大學出版社，2015 年）。

[5] Alastair Iain Johnston, *Social States: China in International Institutions, 1980-2000* (Princeton: Princeton University Press, 2003).

　　第三，此一時期中國的富國外交政策並未依賴意識形態，同時堅持了不結盟的原則。藉由蘇聯解體及中亞「顏色革命」之發生，中國領導人逐漸意識到不能僅依賴經濟發展確保共產黨政權存續之正當性，國家治理能力及共產黨對軍隊及社會之掌握均十分重要。對於共產黨執政的中國政府來說，意識形態尤為重要，[6]因此中國政府自1980 年代迄今，對愛國主義運動高度重視。相對於國內重視意識形態的政策，中國的外交政策則努力擺脫意識形態的束縛，積極改善與所有國家之關係，開展全方位外交，從而為經濟發展提供和平環境。

　　至今為止，中國在富國外交下取得相當成果，不僅成為許多國家之最大貿易夥伴國，同時，在 2010 年超越日本成為世界第二大經濟體，2016 年成為世界第二大對外投資國。中國儼然成為西方國家主導的國際秩序之最大受益者。

二、「強國外交」之形成

　　伴隨經濟實力提升，自 2000 年代初期開始，中國「崛起」意識便逐漸抬頭，由中國改革開放論壇理事長鄭必堅於 2003 年 11 月博鰲論壇（BAF）中提出了「和平崛起」之主張。另外，中國認為 2008年世界金融危機引發了「國際體系和國際關係深刻演變」，[7]國際秩

6　David Shambaugh, *China's Communist Party: Atrophy and Adaptation* (Washington: University of California Press and Woodrow Wilson Center Press, 2008).

7　〈2007 年中國外交碩果纍纍——專訪外交部長楊潔箎〉，《新華網》，2007年 12 月 24 日，http://news.xinhuanet.com/politics/2007-12/24/content_7307367.htm（瀏覽日期：2015 年 7 月 3 日）。

序「大變革、大調整、大發展的時代」已經來臨。[8]

在此國際情勢認識下，中國以「強國」為目標，一轉過去鄧小平所提倡之「韜光養晦」口號，於 2009 年調整為「堅持韜光養晦、積極有所作為」，儘管依然強調「堅持」，然而，其重點係著重於「積極」之部分。

習近平政權為實現強國之目標，提出在建國百年之際，即本世紀中葉成為「綜合國力和國際影響力領先的國家」及「社會主義強國」。中國政府認為當前所進行之第四次產業革命將決定中國走向崛起抑或衰退，並導致國家間權力平衡發生相當變化。[9]這種理解也令「中國夢」隨之膨脹。

強國外交之目的係為崛起，「維護國家利益」、「宣揚國威」及「確保中國所處國際環境之安定（維穩）」成為其主要政策。

1994 年所生效之聯合國海洋法公約為中國重新定義國家利益提供機會。聯合國海洋法公約導入經濟水域（EEZ）之概念，並規定各國申請文件應於 2009 年 5 月 12 日前提出。在此情形下，中國自 2006 年開始重新定義了其國家利益，在過往經濟發展中增加「國家主權與安全」的國家利益概念。自此，「國家主權、安全、發展利益」被視為其推動外交政策之重點，同時，在海洋議題部分，對於

8　〈外交部長楊潔篪會見中外記者〉，《騰訊新聞》，2011 年 3 月 7 日，http://news.qq.com/photon/yjc2011.htm（瀏覽日期：2015 年 7 月 3 日）。

9　傅瑩，〈人工智能對國際關係的影響初析〉，《國際政治科學》，第 4 卷第 1 期（2019 年），頁 1-18。

「核心利益問題」之態度則愈顯強硬。

中國將加強「宣揚國威」視為強國外交政策中之重要一環。中國自建國以來，一貫以巨大市場釋放利多，作為與他國進行政治關係強化之籌碼。然而，隨著近年中國經濟實力增強，其亦藉此作為懲罰他國之手段。無論是尖閣諸島周遭海域發生之漁船衝突事件，對日本採取稀土出口管制，抑或是頒發給劉曉波諾貝爾和平獎事件，對挪威採取鮭魚進口管制，再者，針對南海島礁與菲律賓之間形成衝突，從而發生香蕉戰爭，此外針對南韓部署薩德飛彈系統（THAAD），對其採取前往南韓之團體旅行禁令，與澳洲在禁止外國人提供政治獻金法案及華為問題方面，則採取煤炭進口制裁等行動。目前中國經常在外國政策與自身國家利益發生衝突時，以經濟制裁之手段進行應對。

長年以來，中國的愛國主義教育亦逐漸增添宣揚國威之要素，以往抗日戰爭故事中，均描繪中國為被害者之身分，近年開始，則轉而強調中國作為抗日戰爭勝利者身分。另一方面，2018 年中國中央電視台（CCTV）所拍攝之紀錄片《厲害了！我的國》，曾一時蔚為風潮，其目的係用以宣揚「中國的偉大」。藉此強國外交不僅激起民族自信心，同時亦助長民族主義意識。

原先的富國外交強調「創造和平環境」之目標，在強國外交政策下，則轉變為重視「國際環境穩定」。2000 年代後所逐漸形成之強國外交，與富國外交有明顯之差異。

首先，強國外交之目的係為確保與先進國家之間發展穩定關係，並且與開發中國家強化合作，特別是以「南南合作」為其主軸進行發展。自世界金融危機以來，中國便透過新興市場國家參與的 G20 及金磚五國（BRICS）開始發揮自身影響力。另一方面，重視與開發中國家強化關係也是習近平推動「一帶一路構想」的重要目的之一。

　　第二，中國的強國外交也重視中國在全球治理中發揮作用，但是與富國外交不同，中國不僅致力於加強國際組織及區域組織之合作，同時，亦努力建立以中國為首之組織，像是 2015 年 7 月開業之 BRICS 新開發銀行，與 2016 年 1 月亞洲基礎建設投資銀行（AIIB）等。其中，被視為日本所主導之亞洲開發銀行（ADB）競爭對手的 AIIB，當前已有 100 個國家與地區加入，並取得國際金融組織良好評價而持續成長。另一方面，中國為應對英國國際戰略研究所（IISS）所主導之亞洲安全保障會議（香格里拉會議），因而成立香山論壇與之對抗，並在 2018 年第 8 屆峰會中，約有 80 多國參與。此外，中國自 1990 年代開始便積極參與大湄公河流域開發等相關活動，並在 2016 年成立中國主導之瀾滄江湄公河合作峰會與之對抗。

　　第三，在強國外交下，意識形態色彩愈顯濃厚。顯示強勢已經成為政權正當性之重要根據，同時，共產黨政權是否得以存續也令當前政權危機意識愈發強烈。2010 年中國國防白皮書中，首次提出「安全外交」之概念，國家主席習近平並於 2014 年 4 月所召開之中央國家安全委員會第一次會議中提出「總體國家安全觀」之概念，[10]主張

---

10 張銳，〈試論中國夥伴關係網絡的政治效應〉，《國際展望》，第 5 期（2016 年），頁 45。

爲確保社會主義國家體制，應當保障「國民安全、政治安全、經濟安全、軍事、文化社會安全」。

儘管當前未面臨戰爭威脅，然而，習近平政權對於中國安全情勢認識愈加險峻，認爲「西方敵對勢力的文化滲透威脅意識形態安全，並以國際方面對主權、安全、發展利益造成影響，對內則是對政治安全及社會穩定造成壓力」。[11]簡而言之，此一論述表明中國意識到與西方國家意識形態形成強烈對立外，對於西方國家所謂的「和平演變」格外警戒。

爲阻止「和平演變」之發生，中國政府提出「道路自信、理論自信、制度自信、文化自信」等四個自信進行應對，並且配合一帶一路構想加速推廣「中國經驗」。

參、中國對外戰略之轉變

如前所述，富國外交爲中國展開全方位外交，且爲取得經濟發展所必須之市場與資源，從而在國際及區域組織中發展合作關係，並與西方先進國家強化關係。但是，鑑於中國判斷世界正在面臨前所未有之大變局下，中國開始逐步開展強國外交，發展自本國爲中心之勢力範圍。強國外交以建構「全球夥伴關係網絡」爲其外交戰略主軸之一。

---

11 〈居安思危、共築國家安全精神長城〉，《中國國防報》，2017 年 4 月 12 日。

一、「全球夥伴關係」之建構

國家主席習近平於 2014 年 11 月所召開之中央外事工作會議中，提出「全球夥伴關係網絡」之概念，並首次提出透過建構「全球夥伴關係網絡」推動國際體系改革之戰略促進與全球治理相關之構想。[12]

「全球夥伴關係網絡」係起源於 1990 年代推動夥伴外交戰略之延長。1993 年中國與巴西首次締結戰略夥伴關係，截至 2015 年為止，已與 75 個國家、5 個地區及區域組織建立夥伴關係。[13]

「全球夥伴關係網絡」起初來自於俄羅斯對外政策（network partnership diplomacy），係相對於同盟對峙之概念。[14]中國及俄羅斯亦在 2014 年中俄共同聲明中，將「努力推動夥伴關係外交」載入其中，其相關說明如下所示。「夥伴關係外交之目的係在國際合作中建立靈活機制。誠如 G20、BRICS、SCO、中俄印合作框架等便是好的例證」。[15]在 2014 年國家主席習近平提及「夥伴關係網絡」之概念以後，夥伴關係網絡外交便開始取代了夥伴關係，成為中國對外戰略之代名詞。

不同於同盟之概念，「夥伴關係網絡」雖然並未具有強制性，且

---

[12] 《世界知識》，第 14 期（2018 年），頁 6。

[13] 王毅，〈構建以合作共贏為核心的新型國際關係：在中國發展高層論壇午餐會上的演講〉，2015 年 3 月 23 日。

[14] 成志傑，〈網狀夥伴外交機制：中俄合作的新路徑〉，《俄羅斯研究》，第 3 期（2015 年），頁 121。

[15] 〈中俄關於全面戰略協作夥伴關係新階段的聯合聲明〉，《中華人民共和國外交部》，2014 年 5 月 20 日，http://www3.fmprc.gov.cn/web/ziliao_674904/1179_674909/t1157763.shtml（瀏覽日期：2019 年 8 月 7 日）。

不保證其實際執行，但是另一方面，因爲其並不包含假想敵之特點，使其較不會招致國際反對，令其易於擴大成員。因此，中國對建立「全球夥伴關係網絡」相當重視。

更重要的是，中國對於建構「全球夥伴關係網絡」，從而增加其影響力一事寄予厚望。網絡之概念係以「many-to-many」爲出發點發展，強調以平等作爲原則下，[16]建立區域合作框架，並以「中國＋多國」及「many-to-one」之形式呈現。然而，當聯盟及派閥形成後，階級制度便隨之而生。

中國鷹派國際關係學者閻學通表示，中國應當建立同盟關係。對此，中國政府以堅持「不結盟原則」係「富國外交」之原則作爲回應，並主張建構網絡並非爲結盟。然而，中國所建立之「全球夥伴關係網絡」實際上已具有接近聯盟之階級制度，並且強化中國在國際之影響力。此外，中國在網絡建構戰略中強調「節點」之重要性，因此，中國在未來將有可能與「節點」國家發展同盟或近似同盟之關係。中國的「全球夥伴關係網絡」建設戰略中，基本上圍繞在亞洲及全球兩大支柱進行制定，並且具有四個面向：制度霸權、經濟霸權、政治意識形態霸權及軍事霸權等。此係根據 Charles Kindleberger 及 Robert Gilvin 所提出之霸權穩定論及結構性權力等國際關係理論中，

---

16 Chris Ansell, "Network Institutionalism," in Sarah A. Binder, R. A. W. Rhodes, and Bert A. Rockman eds., *The Oxford Handbook of Political Institutions* (Oxford: Oxford University Press, 2009), pp. 3-4.

對中國崛起戰略之建議。[17]

二、「Asia+」網絡戰略

　　亞洲是世界上最具有經濟發展潛力之區域，從自身國家後院角度觀之，正在崛起的中國對亞洲之外交攻勢愈加強勁。關於亞洲「全球夥伴關係網絡」之建構，部分學者以「Asia+」進行表示。

　　中國面對美國以遏制戰略進行打擊下，藉由建構以本國爲中心之勢力範圍，成立區域組織，推動區域自由貿易協定（FTA），參與解決阿富汗、北韓等衝突，顯示其積極參與外交行動。SCO 作爲歐亞大陸之區域組織而備受重視，其成員具有增加之趨勢。除與東南亞各國之間建立合作管道外，針對中國主導之湄公河組織亦開始有所作爲。儘管未能預見北韓開發核武問題之進展，中國依然致力於東北亞經濟合作。關於經濟領域方面，中國除已開始運作中國東協 FTA、中國巴基斯坦 FTA 等外，針對日中韓 FTA、中國 SCO 的 FTA、區域全面經濟夥伴協定（RCEP）等構想亦在積極推動。

　　此外，在推動「Asia+」網絡戰略之上，強化與區域大國間關係被中國視爲重中之重。爲使區域大國減輕對中國警戒意識，近年中國以中俄、日中等兩國間合作爲主軸，令推動第三國合作「中國+1+α」之構想浮上檯面。

---

[17] 中國國內關於「霸權」的爭論，請參照 Tse-kang Leng and Rumi Aoyama eds., *Decoding the Rise of China: Taiwanese and Japanese Perspectives* (Singapore: Palgrave Macmillan, 2018)。

三、「全球網絡」戰略

在創造全球戰略網絡制度時，除參與既有國際組織外，中國格外重視 G20 及 BRICS。近年中國以「BRICS+」戰略為發想，試圖擴大 BRICS 之政治影響力。[18]2013 年 3 月舉辦之 BRICS 高峰會之際，也同時進行了與埃及和奈及利亞等阿拉伯國家的首腦會談，討論與非洲國家進行基礎建設合作事宜。另外，2014 年與拉丁美洲國家舉行首腦會談，2015 年與 BRICS 及 SCO 國家舉行會談，2016 年則是與阿富汗、孟加拉及 SAARC 舉行會談時，同時舉行 BRICS 高峰會。其後，2017 年起中國開始正式提倡「BRICS+」，除 BRICS 外，2017 年起有 5 國開始參加對話，並在 2018 年上升為 22 國參與。

近年以來，G20 作為新興大國（南）與先進大國（北）平等合作場域之效果愈顯低落，然而，在環境、深海、北極、南極、宇宙、網路空間等新領域中，在制定國際規則方面，中國認識到其仍扮演相當重要之角色。

經濟領域方面，中國倡議「全球 FTA 網絡」構想，藉由前述所提及之亞洲 FTA 網絡、以中國為首一帶一路沿線 FTA 網絡之建構，均寫入十三五計畫中，並進行推動。

部分人士將日本主導之「跨太平洋戰略經濟夥伴關係協定（TPP）及更為先進協定（CPTPP）」係針對中國之反制政策，然

---

18 青山瑠妙，〈台頭を目指す中国の対外戦略〉，《国際政治》，第 183 號（2016 年），頁 125。

而，事實上中國視 CPTPP、服務貿易協定（TiSA）、日本與歐盟經濟夥伴關係協定（日 EU・EPA）等規則，將會成為今後世界標準，因此，中國亦積極參考並採用 TPP 及日 EU・EPA 規則。中國政府為達成建構「廣泛的高標準」FTA 之政策目標，針對負面清單、ISDS、智慧財產權、環境保護、勞工保護、國營企業政策等亦開始有所認識。

在此背景之下，中國政府自 2013 年以來，在國內設置 4 個符合TPP 標準之自由貿易試驗區。2013 年 9 月啟動之上海自由貿易試驗區便是為摸索參加 TPP 之試驗區。2015 年起，習近平政權表示將在廣東、天津、福建、遼寧、浙江、河南、湖北、四川、陝西、重慶等地，設置 10 個自由貿易試驗區。再者，國務院於 2018 年 5 月為提升改革開放，針對廣東、天津、福建自由貿易試驗區頒布相關政策及措施。廣東作為廣東、香港、澳門之中心、促進 21 世紀海上絲綢之路之發展，強化以天津為中心，與北京、天津、河北三省市之合作，同時藉由福建強化兩岸間經濟合作等行為，基本上令其角色分工愈加明確。其後，2019 年 8 月更進一步提出在山東、江蘇、廣西、河北、雲南、黑龍江等六地建立自由貿易試驗區。2020 年 9 月，北京、湖南、安徽以及浙江也被納入自由貿易試驗區。然而，中國國內所進行之試驗並非如此順利。作為金融改革試驗區之上海自由貿易試驗區，儘管人民幣國際化、利率自由化、擴大開放服務業等政策，已然有所進展，並已開始著手處理法律層面，使其能夠合乎 TPP 標準。但事實上，上海自由貿易試驗區政策及現行政策之間並不一致，導致試驗區內政策之運作室礙難行。此外，根據 2019 年 6 月所公布之《中國自由貿易試驗區發展報告》表示，由於負面清單導入之舉措，令上海自由貿易試驗區之成效未如預期，從而令金融資本市場之開放有所卻步。[19]

上海自由貿易試驗區之挫折顯示，金融改革司法檢察獨立、中央銀行信用及政府究責制度等政治層面之改革，以及採行 CPTPP、TiSA、日 EU・EPA 之規則，將會連帶影響中國經濟市場化及政治民主化相關之改革。雖然中國政府在自由貿易試驗區中，導入「廣泛高標準」之規則，並且嘗試在新的政府機能中導入金融自由化、貿易便利化、負面清單等，從而檢驗其可行性、經濟效果及政治風險，但是在當前階段中，針對資本市場開放部分，中國政府最爲重視的還是政治風險之管理。

軍事網絡建構亦是「全球網絡」戰略中之重要一環。在富國外交之方針下，中國以非傳統安全爲中心，加強與他國之軍事關係；但在強國外交下，轉而加強重視傳統安全領域之軍事合作。2015 年中國國防白皮書中指出，伴隨國家利益之擴大，中國軍隊應當在區域及國際安全合作領域部分有所參與，並在白皮書中表示，針對與國家利益相關之重要國際安全合作部分，中國應積極作爲。

---

19 〈首份「中國自由貿易試驗區發展報告」發布　我國自貿試驗區建設進入全新階段〉，《新浪財金》，2019 年 6 月 23 日，https://finance.sina.com.cn/roll/2019-06-23/doc-ihytcerk8715741.shtml（瀏覽日期：2019 年 8 月 7 日）。

肆、從分權走向集權

　　中國對外政策結構之轉變，從國內體制轉變觀之可謂顯著。自改革開放至胡錦濤政權爲止採取集體領導制，其最大之轉變係「權力集中」及「權限分散」。[20]由於採用黨國體制令中國共產黨享有絕對權力，然而，儘管在政策方面共產黨享有相當之權力，但其權限在執行面卻被各省廳及地方政府分散割據。在「分散化威權主義體制」下，存在地方政府、相關企業等多種行爲者均成爲對外政策「參與者」，從而導致政策難以調整之局面。[21]

　　自冷戰結束至胡錦濤政權爲止的中國對外政策之決定，基本上分成兩個階段，中國政府部門掌握國家對外戰略之原則，並且對相關重要議題擁有決定權，各省廳及地方政府等則是在模糊的對外戰略原則及基本方針各自詮釋，在具體對外政策之決定及相關執行權限享有部分權力。

　　然而，自習近平政權以來，各省廳及地方政府之解釋權則被收歸中央，令對外政策形成及決定逐漸趨向集權化。2012 年中國共產黨第十八次全國代表大會（黨大會）提出「擁護黨中央權威，強化中國共產黨在對外政策之統一領導」，並提出推動對外政策相關機構之改革。

---

[20] 青山瑠妙，《中国のアジア外交》（東京：東京大學出版社，2013 年）。

[21] Linda Jakobson and Dean Know, "New Foreign Policy Actors in China," *SIPRI report*, September 2010.

習近平推行的強國外交其對外政策部分，以「計畫外交」及「協調體制」作爲核心，加強黨的領導，從而改革國內體制，其機構改革指導則由外交部負責。爲確保中央制定之對外戰略得爲各地方政府落實，外交部幹部在各省廳、主要企業、大學、各地方黨校及地方政府舉行講座，以增進其瞭解訪問及外交規矩等相關知識。另一方面，透過外交部之指導，從而在地方培養外交幹部人才。

在建立協調體制方面，近年則是以定期與地方政府外事辦公室舉行會議、共享資源機制及合辦活動等制度進行。

伍、結論

改革開放約 40 年間，中國對外政策主軸從加強與先進國家關係轉而至發展南南合作，從積極參與西方國際秩序之態度轉而建構以中國主導之國際組織，並且外交政策中所蘊含之意識形態色彩愈顯濃厚。在此種變化過程中，中國透過構築「全球夥伴關係網絡」，致力建立自身勢力範圍。此外，國內體系從分權轉變爲集權之型態，並開始施行「計畫外交」，足顯中國對外政策已然發生結構轉變。

回顧過去 40 年中國外交政策之轉變，中國在爭奪霸權及意識形態方面，與西方先進國家之衝突將會持續上升，然而，儘管其將導致陷入困難，但若是中國能夠成功崛起，則將成爲戰後首個來自非西方非民主國家領導世界之局面。因此，爲避免世界再次分裂形成新冷戰之勢，需要制定新的對中接觸政策。針對中國以自身爲中心建構之國際組織及區域組織應當積極關注，此外，促進建構「廣泛及高標準」FTA戰略，國際組織或地域組織以及FTA戰略應是新的對中接觸政策之重點。

　　最後，中國是否能在美中貿易戰過程中避免「中等收入陷阱」，其次，中國是否能夠做到動態發展「計畫外交」，其答案是仍需要時間。

第三章
經貿因素與部隊訓練：
2002 年後中國對 PKO 的貢獻

游智偉、杜承璋*

* 游志偉，台灣大學政治學博士。現任中央警察大學公共安全學系副教授。
曾任東海大學政治系兼任助理教授。研究領域爲中共外交政策、國際組織
與第三方干預。
杜承璋，現爲政治大學東亞研究所博士生。

壹、前言

　　中國在國際社會的影響力增加，其也分擔更多的責任，特別是在維和行動上，中國對維和人力的貢獻在 2002 年後呈現指數式成長，這也引發學界的討論：為何中國願意貢獻更多的維和人力？現有文獻則多認為中國更願意接受全球規範[1]以及國際聲譽的提升，[2]但相較之下，中國內部的因素也許才是導致其增加維和人力貢獻的原因，例如保護海外投資、軍事訓練等需求。本文嘗試回答是否有哪些內在因素為導致北京更願意貢獻維和人力的原因，透過回顧可能導致或降低國家貢獻維和人力的原因，來比較中國的國家資本主義特性，以及解放軍在政策過程中的強勢地位，本文認為經貿議題與訓練需求可能是導致北京更願意貢獻維和人力的主因。

　　現有文獻指出，國家與地主國及其周邊國家的經貿關係可能影響國家派遣部隊的意願，而在觀察常任理事國對個別任務的部隊貢獻趨勢下，本文發現中國派遣部隊的傾向與其他常任理事國具有一定程度的關聯性，而個別任務的死亡因素與人數對中國派遣部隊的傾向也有相當程度的關聯性，因此，本文設定了四組變數以檢視中國貢獻維和人力的傾向：第一個變數為時間，因為中國貢獻的維和人力呈指數

---

[1] Huang, Chin-Hao, "Principles and Praxis of China's Peacekeeping," *International Peacekeeping*, 18: 3 (2011/06), pp. 257-270; Stähle, Stefan, "China's Shifting Attitude Towards United Nations Peacekeeping Operations," *The China Quarterly*, No. 195 (2008/09), pp. 631-655.

[2] Richardson, Courtney J, "A Responsible Power? China and the UN Peacekeeping Regime," *International Peacekeeping*, 18: 3 (2011/06), pp. 286-297.

成長，因此放入時間作為控制變數有其必要性；第二組變數則為中國
與地主國及其周邊國家的經貿往來，包括出口金額與進口進額；第三
組變數為其他常任理事國在相同時間對同一任務的人力貢獻，故包括
美國、英國、法國與俄羅斯；第四組變數為個別任務因惡意謀殺、疾
病、意外或其他因素而死亡的人數。

　　本文透過零膨脹負二項迴歸模型（zero-inflated negative binomial,
ZINB）分析 2002 年 1 月到 2019 年 9 月中國每月對個別任務的部隊
貢獻，藉此分析中國在前一年與地主國及其鄰近國家的經貿關係、其
他常任理事國派遣部隊的趨勢，以及個別任務的死亡人數對中國派遣
部隊的影響，並以時間作為控制變數。綜言之，本文的發現如下：雖
然經貿因素具有影響力，且中國出口至地主國及其周邊國家的影響較
為正面，但最關鍵的影響變數仍為解放軍的訓練需求，特別是對後勤
與醫療人員的訓練，而除美國外，英國、法國與俄羅斯派遣部隊的傾
向對中國派遣部隊的傾向也有解釋能力，這應源於北京期待藉此觀察
這些國家軍隊的交戰守則與反應能力，以及增加戰場經驗之故。

貳、文獻回顧與研究設計

一、文獻回顧

　　導致國家願意貢獻維和人力的原因眾多，但大致可歸納為三類：
衝突導致的危機與風險、潛在的政策利益與實踐特定價值。首先，衝
突導致的區域危機與因此產生的風險，提升國家願意派遣部隊參與維

和行動。內戰或國家間的衝突將導致區域不穩定，而衝突區域的連接
性與難民的數量將顯著提升國家派遣部隊參與維和行動。[3]其次，對
沒有區域連接性的國家來說，若參與維和行動愈有助於補充政府在其
他政策的不足或失分，國家愈傾向派遣部隊參與。[4]例如擴大在國際
社會的影響力爲法國與德國決定參與的考量之一，[5]常任理事國的潛
在利益也將影響部隊的任務授權內容——但危機的嚴重性與風險才是
影響任務授權與型態的關鍵。[6]

　　第三，實踐特定價值則是國家願意派遣部隊參與維和行動的第三
個原因。對民主國家來說，民主價值的信仰爲導致歐美國家願意貢獻
人力的原因，[7]同時也是導致渠等後來更傾向貢獻財務的原因，因爲

---

[3] Bove, Vincenzo and Leandro Elia, "Supplying peace: Participation in and troop contribution to peacekeeping missions," *Journal of Peace Research*, 48: 6 (2011/11), pp. 699-714.

[4] Ward, Huge and Han Dorussen, "Standing alongside Your Friends: Network Centrality and Providing Troops to UN Peacekeeping Operations," *Journal of Peace Research*, 53: 3 (2016/03), pp. 392-408.

[5] Utley, Rachel E., "A Mean to Wilder End? France, Germany and Peacekeeping," in Rachel E. Utley ed., *Major Powers and Peacekeeping: Perspectives, Priorities and the Challenges* (Burlington VT: Ashgate Publishing Company press, 2006), pp. 63-80.

[6] Beardsley, kyle and Holger Schmidt, "Following the Flag or Following the Charter? Examining the Determinants of UN Involvement in International Crisis, 1945-2002," *International Studies Quarterly*, 56: 1 (2012/03), pp. 33-49.

[7] Lebovic, James H, "Uniting for Peace? Democracies and United Nations Peace Operations after the Cold War," *Journal of Conflict Resolution*, 48: 6 (2004/12), pp. 910-936.

民主價值的信仰，使渠等更難容忍傷亡，[8]但即便美軍在海外死傷慘重，公眾仍認為政府有道德義務協助保護平民。[9]而對非民主國家來說，特定價值的實踐則有助於提升政府在國內的正當性，在 1989 年到 2000 年間，非洲合法性較低的國家傾向參與維和行動以強化政府的生存能力，[10]例如 2004 年後的盧安達，透過支持非洲聯盟部署的維和行動嘗試挽救其不堪的人權紀錄，[11]藉此轉移對政府不當行為的可能關注及提升政府的合法性。[12]

　　相較之下，現有研究則指出中國派遣更多部隊參與維和任務的原因有三：第一，隨著參與次數及頻率的增加，中國更願意接受全球規範；[13]第二，國際聲譽的提升也是北京的考量之一，[14]例如北京

---

[8] Schörnig, Niklas and Alexander C. Lembcke, "The Vision of War without Casualties. On the Use of Casualty Aversion in Armament Advertisements," *Journal of Conflict Resolution*, 50: 2 (2006/03), pp. 204-227.

[9] Kreps, Sarah and Sarah Maxey, "Mechanisms of Morality Sources of Support for Humanitarian Intervention," *Journal of Conflict Resolution*, 62: 8 (2017/04), pp. 1814-1842.

[10] Victor, Jonah, "African peacekeeping in Africa: Warlord politics, defense economics, and state legitimacy," *Journal of Peace Research*, 47: 2 (2010/02), pp. 217-229.

[11] Beswick, Danielle, "Peacekeeping, Regime Security and 'African Solutions to African Problems': exploringmotivations for Rwanda's involvement in Darfur," *Third World Quarterly*, 31: 5 (2010), pp. 739-754.

[12] Victor, Jonah, "African peacekeeping in Africa: Warlord politics, defense economics, and state legitimacy."

[13] Huang, Chin-Hao, "Principles and Praxis of China's Peacekeeping."

[14] Richardson, Courtney J, "A Responsible Power? China and the UN Peacekeeping Regime," *International Peacekeeping*, 18: 3 (2011/06), pp. 286-297; Li, Dongyan, "China's Approach and Future Prospects for Participation in UN Peacekeeping

於 2010 年 3 月撤離 MINUSTAH 人員的原因爲該任務面對許多醜聞指控；[15]第三，部門利益的考量與需求也是一個很重要的考量，[16]例如保護海外利益的需求、[17]與他國部隊互動以學習經驗與改善交戰準則，[18]以及對後衝突重建（post-conflict reconstruction）任務的偏好。[19]

前述文獻的比較引發了四個重要的問題：第一，以國家爲何參與維和任務的研究多以統計方法進行通則化的研究，而以中國爲案例的研究則爲質性的個案研究，嘗試尋找更細緻的因果關係，此差異源於中國研究的性質仍屬區域研究；第二，在以個案爲主的研究中，中國

---

and Peacebuilding: A Report based on Field Research of UN Peacekeeping and Peacebuilding Missions in Africa," in Jinjun Zhao and Zhirui Chen eds., *China and the International Society: Adaptation and Self-Consciousness* (Hackensack, NJ: World Century Publishing Company press, 2014), pp. 233-258.

[15] Oertel, Janka, *China and the United Nations: Chinese UN Policy in the Areas of Peace and Development in the Era of Hu Jintao* (Baden, Germany: Nomos Verlagsgesellschaft press, 2014).

[16] 游智偉，〈部門利益對中國維和政策的影響：對解放軍訓練與能源國企海外投資之探討〉，《遠景基金會季刊》，第 20 卷第 2 期（2019 年 4 月），頁 95-144。

[17] Chris Alden and Yixiao Zheng, "China's Changing Role in Peace and Security in Africa," in Chris Alden, Abiodun Alao, Chun Zhang, and Laura Barber eds., *China and Africa: Building Peace and Security Cooperation on the Continent* (London: Palgrave Press, 2018), pp. 43-44.

[18] International Crisis Group, "China's Growing Role in UN Peacekeeping," April 17, 2009, https://d2071andvip0wj.cloudfront.net/166-china-s-growing-role-in-un-peacekeeping.pdf.

[19] Rosemary Foot, "Doing Some Things' in the Xi Jinping Era: the United Nations as China's Venue of Choice," *International Affairs*, 90: 5 (2014/09), pp. 1085-1100.

是否接受現有典則的規範或價值之觀點有異，1990 年代的互動經驗與 2000 年的《普拉希米報告》（Brahimi Report）爲導致中國強化參與的原因，[20]但這也與北京歷來對不干涉原則的堅持相左；第三，若實踐特定價值爲導致國家願意派遣部隊參與維和行動的原因，北京增加的人力貢獻應反映在其對相關議案的投票行爲中，但其對敘利亞案的否決卻又暗示著其對主權的堅持；[21]第四，現有文獻指出部門利益對中國增加的人力貢獻具有相當程度的解釋能力，而這也引發另一個問題：參與第三方干預的維和任務是否破壞北京對不干涉原則的堅持，或違背通則化研究中指出的實踐特定價值此依變數的影響？維和行動弱化地主國的主權，此與北京一貫堅持的不干涉原則相左。

　　前述四點可歸納爲同一問題：部門利益——特別是解放軍的需求與經貿利益——與實踐特定價值的需求如何影響北京派遣部隊參與維和行動的條件與邏輯？這是本文嘗試回答的問題。不同於過去的研究，本文嘗試以量化與統計的方式處理中國在 2002 年 1 月到 2019 年 9 月的參與貢獻，以月份爲單位呈現北京在個別任務的人力貢獻。其次，檢視北京與地主國的政治關係與北京在地主國及其周邊國家的經貿活動，以控制雙邊經貿與政治關係產生的變數。最後，檢視北京與支持國家保護責任之常任理事國——包括英國、美國與法國在內——

[20] Stähle, Stefan, "China's Shifting Attitude Towards United Nations Peacekeeping Operations," *The China Quarterly*, No. 195 (2008/09), pp. 631-655.

[21] Sussex, Matthew, and Roger E. Kanet, "Conclusion," in Sussex and Roger E. KanetMatthew eds., *Russia, Eurasia and the New Geopolitics of Energy: Confrontation and Consolidation* (New York: Palgrave Macmillan Press, 2015), pp. 234-242.

派兵的關聯性，亦即北京派遣部隊傾向是否受到這三個國家的影響。

二、研究設計

　　根據本文的問題——部門利益如何影響北京派遣部隊參與維和行動的條件與邏輯？本文設定的依變數爲中共每月派遣的部隊人數，而本文設定的自變數則爲部門利益，並將之區分爲兩類：經貿利益與解放軍的需求，前者爲中國與任務部署國及其周邊國家的進出口貿易額度，後者則是解放軍的訓練需求與風險。

　　北京每月派遣的人數爲本文關注的依變數，其性質影響本文——以及這類研究必須放入的控制變數，也就是時間以及本文爲何選擇 ZINB 爲模型。在 2002 年 1 月到 2019 年 9 月的維和任務中，一方面，北京派遣的部隊總數呈指數成長，這個現象除決定了模型的選擇外，更反映了本文必須將時間作爲控制變數以去除影響。另一方面，在這段期間北京的部隊貢獻僅止 942 個任務，在同時的 2,070 個任務中沒有貢獻任何部隊，而透過模型競爭的方式檢驗，本文發現零膨脹負二項迴歸模型（ZINB）最適合處理，[22]因而本文選用 ZINB 爲模型。

　　其次，在自變數的定義上，本文將部門利益分爲兩類：經貿利益與解放軍的需求。經貿利益的影響可分爲兩種：中國與地主國及其鄰國之間的進口與出口貿易總額。藉此可反映地主國政局動盪的外溢效

---

[22] ZINB 的 AIC 值爲 14200.975；ZIP 爲 75487.293；NBRM 爲 17153.366；PRM 爲 433523.113，故 ZINB 的適配度最高。

果是否影響中國的經貿利益，以至於改變北京貢獻人力的偏好，而這方面的資料將採用世界銀行公布之各國 GDP 作爲測量變數。而本文將經貿方面的數據提早一年，因爲當年度的經貿數據不太可能產生直接影響。

　　第二個部門利益則是解放軍對軍事訓練的考量。現有研究與回憶錄指出中國內部的需求導致北京偏好特定任務與期待藉經驗改善後勤系統與見習交戰守則。若這些論證爲眞，那麼北京在維和任務中的派兵傾向與其他四個常任理事國之間應有關聯性，因爲這些國家——包括俄國、英國、法國與美國在內的部隊較爲精良。而因爲當安理會決議部署任務時，也透過內部機制同步詢問會員國派兵意願，故五大常任理事國派遣部隊的總數則爲當月數據。

　　進一步來說，個別任務的死傷情形應也可作爲變數之一，因爲任務死傷的情形愈嚴重，代表該任務愈險峻，同時也愈有助於達成訓練目的。死傷則可分爲四種情形：意外、疾病、惡意謀殺與其他。因意外與疾病而死亡的人數愈高，代表該任務的環境愈險惡，若這類任務對中國派遣部隊參與的意願有所影響，應可推論解放軍更在乎戰場上的後勤與醫療訓練。另一方面，因惡意謀殺而死亡的人數愈多則可反映該任務面臨的挑戰愈大，若這類任務對中國派遣部隊參與的意願有所影響，則可推論解放軍在乎士兵的戰地經驗。

三、研究假設與模型競爭的比較

　　因而，本文提出四個假說，分別針對中國與任務部署地區周邊的進口與出口情形、安理會常任理事國派遣部隊的傾向，以及任務環境的影響。本文設定的假說一與假說二分別關注中國與任務部署國家的進口貿易往來，以及中國與任務部署國家及其鄰國的出口貿易往來。中國被視爲是國家資本主義的典範之一，而如 Paul Krugman 於 1992 年的描述，對這類國家來說，出口的重要性遠重於進口。[23]因此，假說一與假說二的設立邏輯不同，亦即中國的出口金額可能提升北京的意願，但中國從任務部署國的進口金額並不會提升北京派兵的意願。

假說一：中國對任務部署地區的出口將提升北京派兵的意願。

假說二：任務部署地區對中國的進口不會提升北京派兵的意願。

其次，若軍事訓練爲北京派遣部隊參與維和任務的目標之一，中國的派遣模式與其他四個常任理事國應有相當程度的相似性，因爲透過部隊之間的交流（特別是與美國、英國與法國），應可有助於改善解放軍的不足之處，故本文設定的假說三如下。

假說三：安理會常任理事國派遣部隊的傾向將提升北京的意願。

進一步來說，若軍事訓練爲北京派遣參與維和任務的目標，任務的環境與風險（包括周遭自然與衛生環境是否惡劣與是否存在具有惡意的敵人）也可能影響北京派遣部隊的意願，因此本文設定的假說四、假說五與假說六如下。

---

[23] Davis, Christina L., Andreas Fuchs, and Kristina Johnson, "State Control and the Effects of Foreign Relations on Bilateral Trade," *Journal of Conflict Resolution*, 63: 2 (2017/11), pp. 405-438.

假說四：任務惡劣的衛生條件將提升北京的參與意願。

假說五：任務惡劣的自然條件將降低北京的參與意願。

假說六：任務惡劣的安全條件將降低北京的參與意願。

整體來說，本文共計放入四組變數以解釋中國爲何派遣部隊參與維和任務與爲何不派兵參與維和任務，分爲時間、經貿利益、常任理事國的派兵傾向，以及任務的死亡數據，其中時間係用以控制其影響，因而真正用以分析的變數爲經貿利益、常任理事國的派兵傾向與任務的死亡數據三組。而這三組變數包括 10 個變數，因而透過模型競爭找到最具說服力的模型便有其必要性。模型競爭必須在套疊模型的架構中比較 AIC 與 BIC 數值的大小，數值愈小代表模型的解釋力愈高，藉此以確立究竟這些變數是提升或降低北京的參與意願。

在本文列舉的 11 個變數中，時間確爲導致北京不派兵的因素，但這個因素的影響力逐步下降。相較之下，現有文獻未明確指出中國與周邊國家的貿易關係、四個常任理事國的派兵傾向，以及個別任務的死亡數據對中國派兵傾向的影響；因而本文嘗試以模型競爭的方式釐清其餘的 10 個變數——分散在貿易關係（進口與出口）、常任理事國的派兵傾向（英國、美國、俄羅斯與法國），以及個別任務的死亡原因（疾病、意外、惡意謀殺與其他）——對中國派兵意願的影響。

參、經驗研究的發現

表 3.1 呈現本文根據前述設計而分析的 ZINB 模型，並分別呈現

表 3.1 中國派遣部隊的 ZINB 模型健全分析（robust analysis）

	(1) troop	(2) troop	(3) troop	(4) troop	(5) troop	(6) troop	(7) troop
troop							
出口金額	0.000228* (4.51)	0.000174*** (3.74)	0.000174*** (3.74)	0.000286*** (5.77)	0.000156*** (3.62)	0.000156*** (3.64)	0.000260*** (5.62)
進口金額	-0.000235*** (-19.78)	-0.000229*** (-19.08)	-0.000233*** (-19.19)	-0.000243*** (-21.29)	-0.000231*** (-20.21)	-0.000234*** (-20.38)	-0.000236*** (-23.51)
francetroop	-0.0000463 (-1.39)	-0.0000280 (-0.88)	-0.0000267 (-0.83)		-0.000122*** (-5.19)	-0.000120*** (-5.12)	
russiatroop	0.00109*** (4.48)	0.00133*** (6.18)	0.00135*** (6.25)	0.000812*** (4.07)	0.00102*** (4.59)	0.00103*** (4.67)	0.000603** (2.85)
uktroop	0.00301*** (20.88)	0.00313*** (23.39)	0.00313*** (23.51)		0.00299*** (21.98)	0.00300*** (22.10)	
ustroop	0.000854 (1.31)		0.000835 (1.34)			0.000863 (1.28)	
fataccid	-0.0136** (-2.83)	-0.0231*** (-5.00)	-0.0231*** (-5.03)	-0.0217*** (-3.91)			

表 3.1　中國派遣部隊的 ZINB 模型健全分析（robust analysis）（續）

	(1)	(2)	(3)	(4)	(5)	(6)	(7)
	troop	troop	troop	troop	troop	troop	troop
fatill	0.0139***	0.0138***	0.0137***	0.0158***			
	(4.10)	(4.02)	(4.02)	(5.55)			
fatmal	-0.00854***				-0.00979***	-0.00983***	-0.0133***
	(-4.67)				(-5.28)	(-5.33)	(-6.84)
fatoth	-0.0293**	-0.0254*	-0.0254*	-0.0412***			
	(-2.67)	(-2.30)	(-2.31)	(-3.41)			
_cons	5.845***	5.864***	5.863***	5.856***	5.943***	5.942***	5.928***
	(94.07)	(93.79)	(93.81)	(112.51)	(165.08)	(164.82)	(179.98)
inflate							
yearmon	-0.155***	-0.160***	-0.160***	-0.165***	-0.184***	-0.184***	-0.215***
	(-21.42)	(-21.00)	(-21.03)	(-22.15)	(-19.51)	(-19.52)	(-20.11)
ustroop		-0.00101		-0.00163	0.0000847		-0.000421
		(-0.62)		(-0.75)	(0.08)		(-0.33)
fatmal	-0.296***	-0.296***	-0.296***	-0.323***			
	(-10.12)	(-10.12)	(-10.12)	(-9.21)			

表 3.1 中國派遣部隊的 ZINB 模型健全分析（robust analysis）（續）

	(1) troop	(2) troop	(3) troop	(4) troop	(5) troop	(6) troop	(7) troop
fataccid					0.0903***	0.0902***	0.215***
					(3.90)	(3.90)	(7.56)
fatill					-0.322***	-0.322***	-0.439***
					(-16.49)	(-16.51)	(-18.25)
fatoth					-0.306***	-0.306***	-0.217***
					(-5.43)	(-5.43)	(-4.25)
uktroop				-0.00515***			-0.00699***
				(-8.78)			(-11.55)
francetroop				-0.00363***			-0.00520***
				(-18.97)			(-15.35)
_cons	313.0***	322.8***	323.1***	333.1***	372.7***	372.6***	434.9***
	(21.47)	(21.07)	(21.10)	(22.23)	(19.59)	(19.60)	(20.18)
lnalpha							
_cons	-0.768***	-0.759***	-0.761***	-0.681***	-0.754***	-0.756***	-0.679***
	(-6.93)	(-6.77)	(-6.78)	(-6.45)	(-6.80)	(-6.80)	(-6.67)

表 3.1 中國派遣部隊的 ZINB 模型健全分析（robust analysis）（續）

	(1) troop	(2) troop	(3) troop	(4) troop	(5) troop	(6) troop	(7) troop
N	3012	3012	3012	3012	3012	3012	3012
Non-zero obs	942	942	942	942	942	942	942
Zero-obs	2070	2070	2070	2070	2070	2070	2070
AIC	15916.87	15551.69	15550.43	15314.43	15007.28	15005.52	14571.92
BIC	16001.01	15635.83	15634.58	15398.58	15091.42	15089.66	14656.07

* $p < 0.05$, ** $p < 0.01$, *** $p < 0.001$

渠等的相關係數與健全標準誤（robust standard errors），表 3.1 共呈現七個模型，分別在不同的條件下檢視 11 個變數的影響，第一個模型假定僅有時間是導致北京不願意派兵的因素；第二個模型則假定時間、美國的派兵偏好與惡意謀殺導致的死亡爲導致北京不願派兵的因素；第三個模型則假定時間與惡意謀殺導致的死亡爲導致北京不願派兵的因素；第四個模型則假定時間、惡意謀殺導致的死亡，以及支持國家保護責任的常任理事國（包括美國、英國與法國）爲導致北京不願派遣部隊參與維和任務的因素；第五個模型則假定時間、美國的派兵偏好與各種因素——包括惡意謀殺、意外、疾病與其他——導致的死亡爲導致北京不願派兵的因素；第六個模型則檢視時間與各種因素導致的死亡爲導致北京不願派兵的因素；第七個模型則檢視時間、美國、英國與法國的派兵偏好，以及因意外、疾病與其他因素而導致的死亡爲導致北京不願派兵的因素。

比較這七個模型的 AIC 值，模型七的 AIC 最小，暗示著模型七的解釋能力最高。而仔細檢查模型七則可進一步支持本設立的六個假說：在一般計數模型中，中國對任務部署國及其周邊國家的出口（$p < 0.001$）、中國對任務部署國及其周邊國家的進口（$p < 0.001$）、俄國派遣部隊的傾向（$p < 0.01$）、任務因惡意攻擊造成的死亡人數（$p < 0.001$）等四個變數通過統計檢定而具解釋能力，但不同的是，「中國對任務部署國及其周邊國家的進口」與「因惡意攻擊造成的死亡人數」與中國派遣部隊的傾向爲負相關。而在零膨脹模型中，時間、意外死亡、疾病死亡、其他因素死亡、英國與法國派遣部隊等六

個變數具有解釋能力（$p < 0.001$），而美國派遣部隊的傾向對中國派遣部隊的傾向則沒有任何解釋能力（$p > 0.05$）。而在具有解釋能力的六個變數中，意外死亡人數的增加將降低北京的派遣意願，英國與法國派遣部隊的傾向、因疾病或其他因素死亡人數與北京派遣部隊的意願爲正相關。

透過模型七的檢視驗證本文設立的六個假說，大致可發現本文設立的六個假說均可成立。在檢驗經貿因素影響的假說一與假說二中，中國大陸出口至地主國及其周邊國家的金額愈大，北京派遣部隊的意願也愈高（Coef = 0.000260, $p < 0.001$），然而中國大陸從地主國及其周邊國家進口金額的增加反將降低北京派遣部隊的意願（Coef = -0.000236, $p < 0.001$），這樣的現象也呼應了國家資本主義對中國的預期，也就是出口的重要性遠大於進口的重要性。

其次，除美國外，常任理事國的派兵偏好影響北京的派兵意願。在計數模型中，俄國派兵傾向與中國派兵傾向的相關係數爲 0.000603（$p < 0.01$），顯示俄國的派兵意願對中國的派兵傾向具有解釋能力。而在零膨脹模型中，英國與法國派兵傾向與中國派兵傾向的相關係數分別爲-0.00699 與-0.00520（$p < 0.001$），顯示這兩個國家派遣的部隊愈多，北京派遣的意願便愈高。因而本文設立的假說三應可成立。

然而，仍須進一步解釋的是爲何美國的派兵傾向對中國的派兵傾向沒有影響能力，這也許源於中國內部對美國的防範。實際上，在安全議題與政治穩定的考量下，中國對美國一直有著相當程度的戒心，這個傾向從 1978 年開始一直沒有改變，例如胡錦濤曾於 2012 年在《求是》雜誌中便曾公開提倡要注意歐美國家對中國的分化與和平演變，[24]這也許是美國的派兵傾向對中國派遣部隊的傾向沒有任何解釋能力的原因。

再者，在個別任務的死亡原因中，惡意謀殺的死亡、意外死亡、疾病死亡與其他死亡原因對北京的派遣意願有不同的影響。在計數模型中，惡意謀殺的死亡人數與中國派遣部隊的意願為負相關（Coef = -0.0133, $p < 0.001$），顯示任務惡劣的安全環境反而將降低北京的參與意願。而在零膨脹模型中，因意外死亡的人數也將提升北京不派遣部隊參與的意願（Coef = 0.215, $p < 0.001$），這兩個現象顯示本文設立的假說五與假說六得以成立，亦即惡劣的自然條件與安全條件將降低北京的參與意願。另一方面，疾病死亡與其他死亡原因則顯著提升北京的派遣意願。在零膨脹模型中，疾病死亡的人數與北京不派遣部隊的意願為負相關（Coef = -0.439, $p < 0.001$）、因其他因素死亡的人數也與北京不派遣部隊的意願為負相關（Coef = -0.217, $p < 0.001$），這兩個統計結果顯示本文設立的假說四得以成立，亦即任務惡劣的衛生條件將提升北京的參與意願。

最後，根據六個假設的驗證，北京派遣部隊參與維和任務的因素大致可歸納為經貿利益與軍事交流及訓練。在經貿利益上，中國出口

---

24 胡錦濤，〈堅定不移走中國特色社會主義文化發展道路〉，《求是》，2012 年 1 月 1 日，http://www.qstheory.cn/zywz/201201/t20120101_133218.htm。

至地主國與鄰國的金額將提升北京參與的動機，而在軍事交流上，英國、法國與俄國派遣部隊的意願也提升北京的派遣意願。最後，在軍事訓練上，北京的重點反可能是後勤與醫療，因而當任務因疾病或其他因素而死亡的人數增加時，北京反而更有意願派遣部隊前往，相反地，當任務因意外或惡意謀殺而死亡的人數愈多時，北京派遣部隊前往的意願反而下降，而這樣的現象雖與歐美民主國家的傾向不同，但卻也反映了北京相當在乎士兵的安全──亦即不願派遣士兵至安全風險較高的任務中。

肆、推論

表 3.2 依據模型七，呈現這 11 個變數的發生率比（Incidence Rate Ratios, IRR）與邊際效用。檢視計次模型中個別變數的發生率比，中國對地主國及其周邊國家的進出口金額、俄羅斯是否派遣部隊，以及該任務因惡意攻擊而死傷的人數對中國派遣部隊的影響較大。而在零膨脹模型中，發生率比的影響便較小，但整體來說，個別任務的死亡人數對發生率比的影響仍較常任理事國派兵傾向的影響顯著。然而，在計數模型中，個別變數的發生率比暗示著一個很重要的現象：發生率比的變化幾乎微乎其微，暗示著這幾個變數對北京派遣部隊的意願有影響，但影響不大，或者是北京的操作相對小心，而在零膨脹模型的部分，英國與法國是否派遣部隊對中國派遣部隊意願的影響也相當微小，這暗示著北京相當小心地考慮是否與其他常任理事

表 3.2　發生率比與邊際效用

DV：部隊貢獻	Model IV	
	發生率比（IRR%）	邊際效用
中國對任務部署國之周邊國家的出口金額	1.00026*** (.0000462)	.0310422*** (.0058888)
中國對任務部署國之周邊國家的進口金額	.9997636*** (.0000101)	-.0282731*** (.0016655)
russiatroop	1.000603** (.000212)	.0720958*** (.0241541)
Fatmal	.9868146*** (.001914)	-1.587243*** (.2538522)
Cons	375.3744*** (12.36325)	
Year	-.2151726*** (.0106992)	7.566081*** (.3740425)
uktroop	-.0069913*** (.0006053)	.2458333*** (.0214966)
ustroop	-.0004214 (.0012649)	.0148164 (.0444963)
francetroop	-.0052049*** (.000339)	.1830175*** (.0113194)
fataccid	.2150774*** (.0284672)	-7.562734*** (.982015)
fatill	-.439161*** (.0240616)	15.44215*** (.6979237)
fatoth	-.2166317*** (.0510277)	7.617388*** (1.780825)

表 3.2　發生率比與邊際效用（續）

DV：部隊貢獻	Model IV	
	發生率比 （IRR%）	邊際效用
_cons	434.9294*** (21.54885)	
/lnalpha	-.6793946*** (.1018449)	

$^*p < 0.05,$ $^{**}p < 0.01,$ $^{***}p < 0.001$：括弧內數字為健全標準誤。

國同步派遣部隊。而在零膨脹模型中，更重要的是因為意外、疾病與其他因素死亡的人數對中國派遣部隊的影響，從發生率比來看，這三個變數對北京的影響力較為顯著，而對照計數模型中，惡意攻擊造成的死亡人數的影響則微乎其微，這也呼應了本文設定的假說四、假說五與假說六。

　　從這樣的現象來說，中國派遣部隊參與維和任務的動機應為軍方的訓練需求——特別是對後勤醫療人員的訓練，而經貿利益雖有相當程度的影響，但影響力低於解放軍的訓練需求。而在解放軍的訓練需求中，對比四種造成維和人員死亡的因素又可發現當任務因惡意攻擊的死亡人數愈多時，北京派遣的意願也較低，雖然影響效果並不顯著。而較為顯著的則是其他三種死亡原因——意外、疾病與其他。而在這三種死亡原因中，因意外死亡的人數愈多，北京派遣部隊參與該任務的意願也愈低，而因疾病與其他因素死亡人數的增加則反而強化北京的派遣意願。這個現象不僅反映著如同歐美國家，北京也相當在乎是否將部隊置於險境，但不同處在於，北京對部隊在維和任務中可能承受的傷亡容忍度較高。而更重要的則是突顯了北京派遣部隊參與維和行動最主要的動機——也就是對後勤與醫療人員的訓練，而非增加士兵的作戰經驗。同樣的現象也反映在邊際效用的變化上，當任務因疾病或其他因素造成的死亡人數增加時，北京傾向分別多派遣15.44 位與 7.62 位部隊成員參與任務，而死於惡意謀殺或意外的人數增加時，北京則分別傾向減少 1.59 位與 7.56 位人員。

實際上，剛果民主共和國的伊波拉疫情是很好的解釋，伊波拉病毒與疫情的肆虐一直困擾著剛果民主共和國，該國面臨的公共衛生威脅也相當巨大，但北京對部署在該國的維和任務，並未隨著疫情或公共衛生威脅的變化而有所調整。在先後部署於該國的 MONUC 與 MONUSCO 兩個任務中，自 2003 年 4 月後，北京派遣至該任務的人數並未因疫情的變化而有所調整，人數始終維持在 220 人左右，這樣的現象反映著該地疫情的變化並不會影響北京的派遣意願。同樣的現象也發生在部署於馬利的 MINUSMA，與部署在賴比瑞亞的 UNMIL 任務中，在 2013 年 12 月到 2016 年 1 月間，中國對這兩個任務的人力貢獻並未減少，而對 UNMIL 的人力貢獻反而在 2013 年 10 月起從原本每月的 582 人，增加到 722 人左右。

圖 3.1 與圖 3.2 分別呈現因其他因素而死亡、因疾病而死亡的維和部隊人數影響中國派兵傾向的邊際效應，其相當程度地呈現了這兩個因素對中國派兵傾向的非線性影響。圖 3.1 呈現了因其他因素而死亡的維和人員對中國派兵傾向的邊際效應，大致可看出當因其他因素

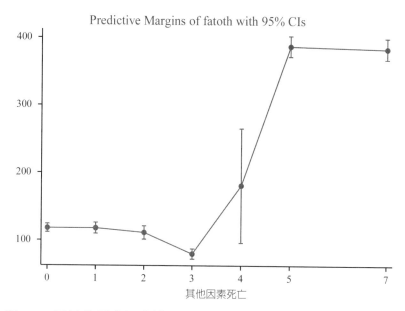

圖 3.1　因其他因素死亡維和人數對中國派遣意願之邊際效應影響（95% 信心水準）

資料來源：作者自製。

　　而死亡的維和人員在 3 人以下之際，北京派遣大量部隊參與該任務的意願並不高，但這個傾向隨著該任務因其他因素而死亡的人數超過 4 人以後，北京的意願將顯著增加，特別是在超過 5 人以後。

　　圖 3.2 則呈現因疾病而死亡的維和部隊人數對中國派兵意願的影響，圖 3.2 也大致呈現隨著因疾病而死亡的人數增加，北京愈傾向派遣更多部隊，特別當因疾病而死亡的人數超過 8 人以後，雖然隨著因疾病死亡的人數不同而產生不同的派兵比例，但這可能源於其他因素產生的影響，而導致在因疾病而死亡的人數爲 15 人、21 人與 23 人

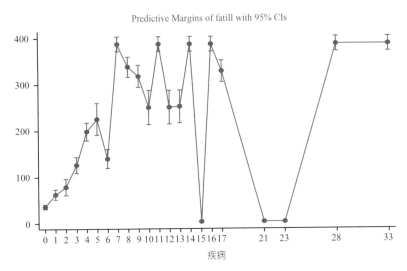

圖 3.2　因疾病死亡維和人數對中國派遣意願之邊際效應影響（95%信心水準）

資料來源：作者自製。

的條件下，北京沒有任何派遣意願。

　　根據圖 3.1 與圖 3.2 的比較，可進一步推論因爲其他因素及因疾病而死亡的維和人數對北京是否派遣更多維和人員意願的影響不僅存在，同時其邊際效應也相當可觀。然而，不論是因爲其他因素而死亡的維和人員或因疾病而死亡的維和人員數量的增加，並不會線性地提升北京派遣更多部隊參與維和任務的意願，而會在特定條件下產生變化，這也暗示著存在其他因素導致北京的意願產生變化。

　　接續來說，其他常任理事國的派兵傾向則是另一個可能的因素，因爲常任理事國的派兵傾向與中國派兵傾向的關聯性通過統計檢定而具有解釋能力——即便在檢視 IRR% 或邊際效用後，英國、法國與俄國的派兵傾向對中國派兵傾向的影響不大。這可能源於統計誤差或研究設計的問題，但也可能是某些未曾被發現的原因所致——而北京對這個議題的操作則相當小心，以下這段訪談紀錄便呈現了另一個原因：觀摩他國的戰爭經驗、增加戰場體驗。

胡末期就開始討論研究這件事情，但後來還是習決定，當時外交部覺得工程兵或者醫護兵的定位符合維和行動，但武裝兵沒有人道主義的保護，很難區隔是不是破壞了不干涉原則，但後來軍方的考慮還是要練兵，但不是你剛說的那樣，沒有讓他們把先進國家的部隊當敵人，而是讓這些部隊去動動，雖然比不上真正的戰爭，但還是可以看看別人怎麼打仗，體驗真實的戰場長怎麼樣，這是千金難買的經驗，也是強軍計畫的一環。[25]

這段訪談不僅回答了為何常任理事國的派兵傾向對中國的派兵傾向具有解釋能力，同時也呼應了本文在前述圖表呈現的發現，亦即醫療與後勤才是北京派遣部隊的重點。假定北京派遣部隊參與維和任務的動機之一為觀摩英國、法國與俄國的交戰準則與增加戰場經驗，那麼派遣的人數就不需要太多，這便解釋了為何表 3.2 英國、法國與俄

---

25 游智偉，《中國對於國際典則的非線性遵循：參與裁軍、智慧財產權與維和行動的案例研究》（臺北：國立臺灣大學社會科學院政治學研究所博士論文，2015），頁 219。

國派遣人數對中國派遣人數的邊際效用微弱。而更進一步來說，若中國的目的在於觀摩英國、法國與俄國的作戰方式，那麼便無須過度著重特定國家，這也解釋了爲何英國、法國與俄國派兵傾向的發生率比較低。

再者，根據表 3.2，對照進出口金額、常任理事國的派兵傾向，以及個別任務的死亡原因導致的影響，大致可發現個別任務的死亡原因對北京派遣部隊的影響力最大，其次則爲常任理事國的派兵傾向，最後才是進出口金額，特別是出口金額。這樣的順序暗示著在中國對維和任務的決策過程中，解放軍具備相當關鍵的影響能力，但解放軍也猶豫是否將部隊派遣至安全風險較高的任務——也就是惡意謀殺死亡人數較多的任務，因而以後勤與醫療人員爲主。然而，這也存在另一種可能性：也就是中國外交部與解放軍之間的爭執，維和行動爲第三方干預的實踐，而在國際社會上，第三方干預最大的爭議爲主權與人權的優先性，而北京向來堅持主權必須高於人權，這也許是導致爲何直到習近平取得權力後，北京方派遣戰鬥部隊投入維和任務的原因。

伍、結論

綜言之，此研究發現經貿因素雖有一定程度影響能力，但更關鍵的是個別任務的死亡因素與其他常任理事國派遣部隊的傾向，而這與中國軍事訓練的需求有相當程度的關聯性，這個現象與其他國家（特別是其他常任理事國的派兵傾向）不同。從個別任務的死亡因素來看，當因疾病與其他因素死亡的人數愈多時，北京派遣部隊的意願也愈大，這呼應了北京早期以醫療後勤人員為主的派遣模式，以及北京從 1990 年代早期以來在參與維和任務中得到的經驗，藉此增加後勤與醫療訓練及經驗。另一方面，其他常任理事國（除美國外）的派兵傾向對中國的派兵傾向有相當程度的影響力，雖然邊際效用不高，但北京的目的可能是為了觀察英國、法國與俄國部隊的交戰守則與增加戰場經驗。

其次，中國對部隊參與維和任務造成的傷亡容忍度也較低，因為當任務因惡意謀殺而死亡的人數愈多時，北京派遣部隊的傾向便下降，這個現象與歐美民主國家相似，但究其內在原因未必與民主國家相同，民主國家對維和任務的支持與參與源於渠等對民主人權價值的重視，但北京對民主人權的價值界定與歐美國家不同，因此可能有其他內在因素導致北京較不傾向派遣部隊參與因惡意謀殺而死亡人數較多的任務，例如這類任務的授權對中國傳統外交原則（和平共處五原則）的衝擊可能更大，導致中國不同部門之間的角力。也可能源於解放軍對部隊成員與士兵的重視程度或陣亡後的繁複行政流程，但這些問題的回答有賴於進一步的質性研究與調查。

再者，經貿互動程度對中國是否派遣部隊具有解釋能力，而出口金額的影響力高於進口金額的影響力，這個現象呼應了中國經濟體制的特色——國家資本主義與重商主義，出口金額與海外市場的維護及擴大較進口產品重要。但從發生率比與邊際效用的檢視來看，經貿因素對中國是否派遣部隊參與維和任務的影響力仍低於解放軍的訓練需求，暗示著是否參與維和任務的決策權仍掌握在解放軍手中，而非外交或經貿等相關部門。

最後，這個研究引申出另外一個很重要的問題：任務的授權組合與特定授權是否影響北京派遣部隊的意願？這個問題的回答有賴於對相關決議文進行內容分析，透過質性的個案比較，在 2003 年前，人道救援與促進地主國人權的任務授權為中國貢獻維和人力的充要條件，但在 2003 年後，這兩個任務授權轉為調節變數，必須搭配其他任務授權（包括協助地主國恢復執政能力、調停停火或部隊撤退、監測停火），中國方願意貢獻維和人力。[26]前述的發現仍僅止於質性的案例比較，雖然案例的蒐整從 1978 年橫亙到 2018 年，但未來仍可透過統計取得更堅實的證據與論證。

---

26 游智偉，〈任務授權與選擇性參與：中國對聯合國維和行動的人力貢獻，1978-2018〉〉，《政治學報》，第 69 期（2020 年），頁 1-29。

PART 2

美中關係演變

第四章
中國新外交與中美關係

韓碩熙[*]

* 美國塔夫斯大學弗萊契法律與外交學院博士。現任延世大學國際學大學院
常務副院長、中國研究院常務副院長，兼任韓國東亞研究院（EAI）中國研
究中心主任。曾任中國社會科學院亞太研究所特聘研究員、韓國駐上海總
領事。研究領域爲美中關係與中國外交政策。

壹、引言

縱觀南韓與中國將近四分之一世紀的雙邊關係，其政府之間的關係從沒有像南韓前總統朴槿惠和現任中國國家主席習近平領導下的關係那樣具有戲劇性及外交動盪。在南韓總統文在寅的授意下，這種情況便轉為另一種形式持續不斷。在 2013 年各自執政之初，朴槿惠和習近平曾在「戰略合作關係」的原則下，積極尋求改善雙邊關係之方式。這包括啟動各種合作計畫，即高層對話、締結雙邊自由貿易協定（FTA）、南韓加入中國主導的亞洲基礎建設投資銀行（AIIB）。習近平認為，這些措施是朝著雙邊關係成為「歷史上國家最好關係」所邁出的步伐。[1]特別是 2015 年 9 月，朴槿惠參加中國舉行二戰結束 70 週年紀念活動，不僅具有重要的象徵意義，也展現首爾與北京夥伴關係的最大進展。這種日益密切的韓中關係甚至到達國際社會欣然接受的程度，美國認為朴槿惠出席閱兵儀式代表韓中關係良好、正面，而非是戰略上「傾向」中國。[2]

然而，北韓在 2016 年 1 月進行第四次核試驗，使短暫的首爾北京戰略夥伴關係迅速衰退，雙邊關係演變為前所未有的外交及經濟對

[1] Shannon Tiezzi, "South Korea's President and China's Military Parade: Park's talk with Xi focused on North Korea, but historical issues played a major role as well," *The Diplomat*, September 3, 2015, https://thediplomat.com/2015/09/south-koreas-president-and-chinas-military-parade/ (accessed May 7, 2018).

[2] Ellen Kim and Victor Cha, "Between a Rock and a Hard Place: South Korea's Strategic Dilemmas with China and the United States," *Asia Policy*, Vol. 21 (2016), pp. 101-121.

峙。爭端的近因是美韓聯盟決定在南韓境內部署戰區高空防禦系統
（又稱薩德系統，THAAD），以支持駐韓美軍。中國拒絕接受南韓
和美國部署導彈防禦系統的理由，即促進南韓安全、保護聯盟部隊免
受北韓導彈日益增長的威脅。北京批評南韓政府的決定是對其國家安
全的威脅，[3]並稱薩德的雷達系統可以有效滲透到中國境內，進而侵
害中國的戰略嚇阻力量。[4]南韓領導人則開始對中國三個相關立場感
到不滿。首先，儘管習近平在北京勝利日峰會上承諾，如果北韓進一
步挑釁，中方將與南韓合作，但在平壤第四次核試驗後，儘管朴槿惠
多次與北京接觸，中國仍然保持沉默。第二，這種沉默在一定程度上
說服了南韓進行薩德系統部署，也正是南韓早幾年前不顧美方施壓而
有所遲延的決定。[5]第三，首爾認為中國的憤怒表現是種虛偽手段，
企圖限制首爾對其主權的防衛。南韓否定中國有關薩德系統雷達會侵
害中國戰略嚇阻力的論點，認為中國的不滿主張只是表現其對未來潛
在美韓（或美韓日）導彈防禦合作的初步反對立場。[6]

[3]　Michael D. Swaine, "Chinese Views on South Korea's Deployment of THAAD," *China Leadership Monitor*, Issue. 52 (2017), pp. 1-15.

[4]　Kyung-young Chung, "Debate on THAAD Deployment and ROK National Security," *EAI Working Paper*, http://www.eai.or.kr/data/bbs/kor_report/2015102615274064. pdf (accessed April 28, 2017).

[5]　Sukhee Han, "South Korea's Tough Stance towards the North-Why it has to continue," *New Asia* 18, No. 2 (2011), pp. 31-49.

[6]　Jae Cheol Kim, "ROK-China Relations at 25," *Current Issues and Policies*, September 2017, http://www. sejong.org/boad/bd_news/1/egolist.php?bd = 2#none (accessed January 8, 2018).

　　在緊張的外交談判之後，中國政府實施了經濟報復措施，以迫使南韓放棄薩德系統。中國對南韓企業、娛樂業及旅遊業的制裁對其經濟造成了嚴重的損失。這種經濟脅迫，加上中國對各種政府會議及人民間交流所施加的外交壓力愈來愈大，使韓中關係陷入 1992 年外交正常化以來的最低點。[7]

　　這次衝突顯示一項潛在事實，即周邊國家對「其日益成長的關係有共同的誤解」。[8]自本世紀初以來，當雙邊在經濟、外交和文化方面的相互依存關係變得更為實質時，南韓和中國一直帶著未曾說明的戰略動機接近對方。南韓期望韓中密切關係能激發戰略轉變，以削弱中國與北韓的關係，最終實現朝鮮半島的和平。中國則期望雙邊經濟、文化和外交互動關係的日益密切，能將南韓置於中國的軌道之內，以削弱美韓聯盟，即是中國主要的欲望。[9]然而，在平壤第四次核試驗之後，中方的冷淡反應對於失望的南韓而言，代表其與中國不斷增強的關係，並未連帶影響中國改變對北韓政策。北京對於南韓在領土上部署薩德系統感到受挫，也認為其對首爾的魅力攻勢未能破壞美韓同盟。這種情況引發了惡性循環效應，即北京加倍對首爾進行經

---

[7] "A geopolitical row with China damages South Korean business further," *The Economist*, October 21, 2017, https://www.economist.com/business/2017/10/19/a-geopolitical-row-with-china-damages-south-korean-busi ness-further (accessed March 18, 2018).

[8] llen Kim, "Common Misconceptions about the China-South Korea Relationship," *Georgetown Journal of Asian Affairs* 1, No. 1 (2014), pp. 135-140.

[9] Jae Ho Chung and Jiyoon Kim, "Is South Korea in China's Orbit? Assessing Seoul's Perceptions and Policies," *Asia Policy*, No. 21 (2016), pp. 123-145.

濟制裁，首爾則認為有理由加深與美國更密切關係，畢竟美韓都要在近中期抵禦北韓，並在長期上建立對抗中國的安全戰略。[10]

　　自 2017 年 5 月文在寅接任朴槿惠之位以來，政府為結束薩德系統事件爭端、恢復韓中關係而進行了一連串的努力。2017 年 10 月 31 日，南韓新政府與習近平政府正式宣布雙方達成協議，以解決薩德系統爭議，使雙邊關係重回正軌。此後，11 月 11 日，韓中高峰會在越南峴港舉行，雙方領導人再次強調將「使各領域的交流合作迅速恢復到正常軌道」。[11]12 月，文在寅總統正式拜訪北京，並與習近平進行元首會面時首次承諾，韓中關係將迎來「新起點」。然而，儘管政府承諾努力改善雙邊往來，韓中關係卻沒有明顯改善。造訪南韓的中國旅遊團數量大減、進入中國市場的南韓大型企業（例如消費連鎖賣場樂天市場）自被迫關閉以來，從未全面恢復營運；某種程度上，算是已經完全退出中國市場。南韓娛樂業則正努力重新贏得中國市場利潤。[12]此外，這樣以往幾年的冷淡雙邊關係，恐怕在未來仍會持續

[10] Shannon Tiezzi, "North Korea Nuclear Test Reveals the Limits of China-South Korea Cooperation," *The Diplomat*, January 14, 2016, https://thediplomat.com/2016/01/north-korea-nuclear-test-reveals-the-limits-of-china-south-korea-cooperation/ (accessed October 7, 2017).

[11] Clint Work, "South Korea and China Make Amends. What Now?" *The Diplomat*, November 18, 2017, https://thediplomat.com/2017/11/south-korea-and-china-make-amends-what-now/ (accessed January 15, 2018).

[12] "Hit by Political Crossfire, Lotte's China Exit Stalls," *Bloomberg*, February 13, 2018, https://www.bloomberg.com/news/articles/2018-02-12/hit-by-political-crossfire-lotte-s-china-exit-said-to-stall (accessed May 15, 2018); "South Korea's Lotte Group to sell some China stores after missile row," *The Straits Times*, April 26, 2018, https://www.straitstimes.com/asia/east-asia/south-koreas-lotte-group-to-sell-some-china-stores-after-missile-row (accessed September 19, 2018).

下去。

本文提出了兩個問題：薩德系統爭端的戰略性質是否如此重要，以至於南韓和中國無法透過外交或經濟途徑解決關係問題？薩德系統爭端將如何影響韓國未來的安全政策？

首先，本文認為，薩德系統爭端是中美戰略競賽的象徵，不能解決，只能平息。南韓和中國必須在這種競爭的背景下，推動促進雙方關係的發展。不意外的是，決心和信任的問題也具有相關作用。薩德系統已經全面部署；首爾沒有展現任何可能撤除的跡象。因此，除非中國退讓，否則爭端便無法結束，而退讓就代表要失去面子。在經濟方面，南韓企業對中國市場失去了信任，正在重新定位，減少對中國的依賴。因此，很顯然，在部署薩德系統之後，南韓和中國亦面臨著新環境。他們必須在戰略背景下建立新外交及經濟互動結構，在此種夾在北京及華盛頓對立之間的情況下，南韓也將面臨更加充滿困難的挑戰。

貳、南韓與中國：同床異夢

從 1992 年兩國關係正常化開始，南韓和中國以快速、廣泛又熱烈的步伐發展其雙邊關係。這一成功發展的關鍵是相互間的經濟合作，加上友好的民間交流。截至 2018 年，雙邊貿易額為 2,686 億美元，是 1992 年（63.7 億美元）的 42 倍，年均成長率為 15.7%。對外直接投資（FDI）也大幅增加。南韓對中國的對外直接投資成長了 24

倍，從 1992 年的 1.4 億美元增加至 2018 年的 48 億美元，而同期中國對南韓的對外直接投資則從 10.5 億美元增加至 27 億美元，成長了驚人的 1,900 倍。在民間交流方面，雙方遊客數量從 1992 年的 13 萬人次擴大到 2018 年的 880 萬人次，即成長了 67 倍。[13]雖然南韓經濟對中國市場的依賴性愈來愈大，引起首爾方面的擔憂，但韓中兩國充滿活力的經濟文化合作及日益成長的經濟互賴性，也是這 25 年來，維持雙邊友好合作關係的重要原因。[14]

正如「亞洲悖論」的概念所表示，在過去 30 年間，東亞區域國家在經濟互賴性的加速及政治安全合作的衰退之間存在著分歧。[15]這種分歧在韓中關係中尤其明顯；儘管雙邊經濟互賴性呈現空前密集成

---

[13] Hyundai Economic Research Institute (HRI), "What has changed since establishment of Korea-China diplomatic relations?" *Weekly Economic Review* (2017), pp. 17-33, http://hri.co.kr/board/reportView.asp?First Depth=1&seconDDepth=1&numIdx=28944&isA=1 (accessed January 10, 2018); Institute for International Trade (IIT), "25th Anniversary of South Korea-China Normalization: Evaluation and Speculation," *Trade Focus* 31 (2017), http://okfta.kita.net/board.do?method=downLoadBoard&file_ no=1&file_idx=34461 (accessed January 10, 2018); Korea Institute for International Economic Policy (KIEP), "25th Anniversary of South Korea-China Normalization: Accomplishment and Challenges of Economic Cooperation," *World Economy Today* 17, No. 26 (2017), http://www.kiep.go.kr/sub/view.do? bbsId=global_econo&nttId=196179 (accessed January 10, 2018).

[14] Hyundai Economic Research Institute (HRI), "Review of Korea's Dependence on Chinese Economy and its Implications," *Weekly Review* (2014), pp. 14-48, http://www.fki.or.kr/Common/Download.aspx?id=035361e6-c7fa-4f2c-b5d8-f99516893d21 (accessed January 10, 2018).

[15] Jonathan D. Pollack, "Order at Risk: Japan, Korea and the Northeast Asian Paradox," *Asia Working Group Paper* 5, September 2016, https://www.brookings.edu/research/order-at-risk-japan-korea-and-the-northeast-asian-paradox/ (accessed March 18, 2018).

長的趨勢，但韓中兩國在政治及安全方面的合作卻非常有限。而作爲美方軍事盟友，南韓與中國在發展其國防及安全合作上也同樣會受限制，因爲中國是美國處於競爭、崛起中的國家。此外，北韓不斷進行軍事挑釁，以及中國不願制衡這種好戰行爲，便成爲韓中政治安全及國防關係發展的障礙。[16]雖然中國面對與美國不斷加深的競爭關係，仍抱持著削弱美韓同盟的樂觀看法，但其實美韓同盟並沒有被削弱多少。因此，中國持續主張美韓同盟是韓中政治、國防、安全事務合作的關鍵障礙。

　　至於近期中韓戰略關係的改善空間（有限），則是綜觀各理論觀點的結果。換言之，努力達成戰略上的和解，在理論上實在太過被肯定。在極爲親美的朴槿惠時期，南韓保守派試著與中國發展戰略共同基礎，而幾乎沒有受到任何反對。對於韓美軍事同盟不那麼熱衷的進步民主黨則處於荒野之中，無法在保守黨（即朴槿惠之前任李明博所屬政黨）輸掉總統職位、其執政上台之後，公布基本的進展模式。在這種情況下，從聯盟議價理論（alliance bargaining theory）可預見，執政黨會有國內政治空間來測試其聯盟關係。[17]事實正是如此，儘管是以一種反直覺的方式呈現。在此情況下，從典型政策實驗的形式便能看到，保守黨以較爲深入參與聯盟合作關係的方向發展。然而，該

---

[16] Jae Cheol Kim, "ROK-China Relations at 25," *Current Issues and Policies*, September 2017, http://www. sejong.org/boad/bd_news/1/egolist.php?bd=2#none (accessed January 8, 2018).

[17] Tongfi Kim, *The Supply Side of Security: A Market Theory of Military Alliances* (Stanford: Stanford University Press, 2016), pp. 112-122.

理論也爲執政黨夥伴在尋找不同以往聯盟行爲（即「只有尼克森能去
中國」效應）上，提供其他可能的選項。這確實是朴槿惠所面臨的情
況，她利用其國內的政治實力、較弱的在野黨，以及 2013 年至 2015
年期間與北韓相對平靜的局勢，企圖用以往其他保守黨政府所排斥的
戰略外展形式（通常也是南韓進步黨的禁忌，因爲容易被批評成「親
共」，而無法脫離美國的戰略路線），將中國拉攏過來。

　　至於中國，從 2010 年代初開始，中國與南韓日益密切的關係便
受到戰略目標爲投機性的驅使，即想探究南韓是否能對某種程度的戰
略自主權抱持開放態度，從而削弱美韓同盟。中國選擇有利的時機來
試探這種可能性。從理論的角度來看，中美區域競爭可以透過權力過
渡理論來理解，該理論預測，一旦兩個競爭對手之間的實力差距下降
至 20% 或以下，崛起的中國便會進入與美國發生明顯潛在衝突的時
期。[18] 一旦雙方實力落入該差距範圍內，中美便有進入公開衝突的可
能。儘管中美實力目前正處於該差距範圍內，但在東亞地區，中國還
沒有做好啓動公開衝突的準備，在試圖使韓國脫離美國的戰略軌道方
面，必須謹慎行事。這也是習近平選擇在 2010 年代初期及中期，企
圖誘使首爾與北京建立更緊密夥伴關係的原因之一。同時，在 2010
年對南韓進行攻擊，以及 2012 年至 2013 年的核試驗與導彈、太空飛
射載具（SLV）測試之後，北韓的公開威脅已經趨緩。經濟交流對中

18　A.F.K. Organski, *World Politics* (New York: Alfred A. Knopf, 1967); Ronald
　　L. Tammen, et al., *Power Transitions: Strategies for the 21st Century* (London:
　　Chatham House, 2000), pp. 21-31.

韓兩國都具有重大意義。美國希望其與亞洲的再平衡關係在中國看來不具威脅性；因此，美國也允許其盟友試著重新平衡自己的經濟和安全關係。鑑此，習近平對朴槿惠釋出善意的時機點很有利，因為此時華盛頓的威脅程度最不可能提高。

朴槿惠和習近平對安全合作的熱衷程度，比 25 年來任何南韓或中國領導人都還要高。最重要的是，對雙方穩定性而言，他們的行為方式符合南韓在中美關係間避險的需求，也符合中國處理與南韓安全關係的需求，而不至於在美韓之間造成明顯的對立。這種合作背後的支柱來自於穩固的國家相互理解，以使得鄰國能夠將雙邊合作擴展至經濟領域之外。

朴槿惠和習近平之間的交情可見其「新團結」（new solidarity）表現，包括對朝鮮半島無核化在內等一系列安全問題所達成之共識。[19]此外，其前任李明博和胡錦濤之間外交關係冷淡的記憶，也為更緊密合作關係提供相當的動力。相較朴槿惠和習近平的「韓中戰略合作夥伴關係」在言語及實質上提升所形成鮮明對比的是，李明博和胡錦濤從未在區域安全問題上達成真正的合作。2010 年北韓突發軍事挑釁、3 月韓國天安艦沉沒及 11 月延坪島（Yeonpyeong Island）砲擊事件等各種危機，都顯示出首爾及平壤習慣性被迫借助雙邊聯盟方

---

[19] Choe Sang-Hun, "China and South Korea Reaffirm Efforts Aimed at North," *The New York Times*, June 27, 2013, https://www.nytimes.com/2013/06/28/world/asia/china-and-south-korea-reaffirm-efforts-to-end-north-koreas-nuclear-threat.html (accessed April 25, 2018).

式來管理區域安全動盪。[20]

　　就以往經驗可看出，朴槿惠和習近平共同致力於加強雙邊關係，尤其注重展現合作如何使彼此受益。朴槿惠的首要外交考量是北韓，她期望中韓關係更加緊密，有助於說服中國支持北韓無核化。[21]基於對平壤的好戰及其核武野心愈來愈失望，北京開始疏遠平壤，促使朴槿惠得以尋求韓中在協調北韓政策上的戰略合作。[22]習近平改善與韓國關係還有一個強而有力的理由：鞏固中國在朝鮮半島上，能具有相當美國的戰略地位，這長期以來一直都是中國的安全重點；北京大概已對首爾施加足夠的影響力，使其不至於犧牲中國作為加強美韓同盟的代價。此外，韓國對中國市場的經濟依賴程度不斷上升，這便增加北京利用經濟槓桿向首爾施壓的能力。[23]

---

[20] Jae Ho Chung, "China's Evolving Views," pp. 425-442; Jae Ho Chung, "Leadership Changes and South Korea's China Policy," in Gilbert Rozman ed., *Joint U.S.-Korea Academic Studies*, Vol. 23 (2012), pp. 5-17; Sukhee Han, "South Korea's Tough," pp. 31-49.

[21] Chung-In Moon and Seung-Chan Boo, "Korean Foreign Policy: Park Geun-hye Looks at China and North Korea," in I Takashi ed., *Japanese and Korean Politics: Alone and Apart from Each Other* (New York: Palgrave Macmillan, 2015), pp. 221-248.

[22] Jonathan D. Pollack, "The Strategic Meaning of China-ROK Relations: How Far Will the Rapprochement Go and with What Implications?" *Asan Forum*, September 29, 2014, https://www.brookings.edu/articles/the-strategic-meaning-of-china-rok-relations-how-far-will-the-rapprochement-go-and-with-what-implications/ (accessed December 12, 2017).

[23] Jane Perlez, "Chinese President's Visit to South Korea Is Seen as Way to Weaken U.S. Alliances," *The New York Times*, July 2, 2014, https://www.nytimes.com/2014/07/03/world/asia/chinas-president-to-visit-south-korea.html (accessed December 13, 2017).

爲了建立戰略和政治關係，朴槿惠和習近平經常在雙邊及多邊場合舉行元首會面。2013 年至 2016 年期間，朴槿惠和習近平共召開了 8 次會議、共同造訪出席 4 次雙邊峰會等。[24]這些頻繁的高峰會議反映了首爾和北京之間日益加溫的關係，也給兩國領導人提供了促進共同利益、確認雙方在敏感安全問題上合作的平台。2013 年 6 月，朴槿惠在首次國事造訪北京期間的會面中，不僅試著重振韓中關係，加強戰略合作關係，還試著確保中國對結束朝鮮核能力的承諾。正如聯合聲明所指出的那樣，雙方確認了朝鮮半島無核化、維護和平與穩定的重要性，並爲實現這些目標共同努力。特別是對朴槿惠來說，習近平同意「在任何情況下」都不再容忍北韓擁有核武，這可以說是非常的成功。[25]

然而，儘管最終成爲外交上的失誤，朴槿惠被認爲的高明手段，來自習近平在與北韓新任年輕領導人金正恩會面之前，便已經見過她。這在一定程度上是形勢使然，因爲當時似乎不可能私下造訪北京，主要是由於金正日在 2013 年初不顧北京反對便進行了導彈發射及第三次核試驗。儘管如此，朴槿惠還是充分利用北京對平壤的失

---

[24] *Ministry of Foreign Affairs (MFA) [of South Korea] China 2017* (Seoul: Northeast Asian Bureau, MFA, 2017), pp. 231-233.

[25] *Ministry of Foreign Affairs (MFA) [of South Korea] China 2017* (Seoul: Northeast Asian Bureau, MFA, 2017), pp. 403-414; Peter Hayes, "Park Geun-Hye's China Challenge," *NAPSNet Policy Forum*, Nautilus Institute, June 25, 2013, https://nautilus.org/napsnet/napsnet-policy-forum/park-geun-hyes-china-challenge/ (accessed December 18, 2017).

望，以及中國學術界及政治界正在進行的「棄北韓」辯論，進而實現
與習近平的會面。然而，朴槿惠可能誤以爲此次元首會面，即是代表
中國的戰略重點從平壤到首爾的根本轉變。[26]

　　2014 年 7 月習近平造訪南韓，成爲韓中外交正常化以來，首位
未先去北韓便造訪南韓的中國元首，而朴槿惠的外交敏銳度可說是更
上層樓。習近平如此不尋常出訪首爾，既代表中國背離了總是率先造
訪平壤的外交傳統，也是北京對於金正日不願意對中國，即該國主要
盟友、援助國、投資者與貿易夥伴表示尊重行爲，所表達其強烈不滿
的訊號。

　　朴槿惠在外交上似乎也順利取得勝利，其參加 2015 年 9 月中國
所舉辦的二戰結束 70 週年紀念活動。而她決定參加紀念活動，是中
國對南韓進行遊說的結果。當時，南韓與美國之評論家及專家都擔
心，南韓政府可能會以犧牲美國爲代價「傾向」中國。然而，透過參
加閱兵典禮，朴槿惠顯然取得中國的合作意願，得以更積極主動應對
北韓。[27]朴槿惠在返回首爾的飛機上接受南韓記者的簡短採訪，證實

[26] Yuwen Deng, "China should abandon North Korea," *The Financial Times*, February 27, 2013, https://www.ft.com/content/9e2f68b2-7c5c-11e2-99f0-00144feabdc0 (accessed November 14, 2017); Celia Hatton, "Is China ready to abandon North Korea?" *BBC News*, April 12, 2013, http://www.bbc.com/ news/world-asia-china-22062589 (accessed November 16, 2017).

[27] Scott A. Snyder, "Park's Decision to Join Xi Jinping's World War II Commemoration," *Asia Unbound* (Council on Foreign Relations), September 2, 2015, https://www.cfr.org/blog/parks-decision-join-xi-jinpings-world-war-ii-commemoration (accessed January 17, 2018).

她在北京高峰會上的成功。她強調首爾和北京之間密切溝通的重要
性，並表示要繼續與中國密切合作，為北韓未來的挑釁做好準備。[28]
　　隨著雙邊關係的日益密切，習近平對與南韓的關係產生了誤解。
他認為，更為緊密的關係將有助於削弱美韓聯盟，並防止形成美韓日
聯盟。鑑於首爾和北京之間蓬勃發展的貿易關係，超過了韓國對美國
及日本貿易額的總和，習近平希望首爾能夠傾向於北京，而不是美國
和日本。[29]朴槿惠在 2013 年當選之際，就把派遣特使訪華排在訪美
之前，這可能加深習近平的誤解。雖然她的「善意姿態」表現出中韓
關係將提升至前所未有高度的強烈意圖，但也顯示朴槿惠可能會偏離
首爾傳統外交路線，即是把過度重視華盛頓，設定首要目標而非改善
與北京的關係。[30]2014 年 7 月，習近平對南韓進行首次國事訪問，也

---

[28] "Fruitful Visit to China, President Park said," *Chosun Daily*, September 5, 2015, http://news.chosun.com/site/data/html_dir/2015/09/05/2015090500278.html?Dep0= twitter&d=2015090500278 (accessed February 11, 2018).

[29] Don Qiu Li, "South Korea-China Alliance: Is it possible?" *Global Times*, October 24, 2014, http://opinion.huanqiu.com/opinion_world/2014-10/5178757.html (accessed February 13, 2018); Xuetong Yan, "The more China tries to evade the formation of alliance, the more the U.S. tries to contain China," *Phoenix International Think Tanks*, February 16, 2016, https://military.china.com/importa nt/11132797/20160216/21512146_all.html (accessed March 12, 2018).

[30] C Chung-In Moon and Seung-Chan Boo, "Korean Foreign Policy: Park Geun-hye Looks at China and North Korea," pp. 221-248; "Park needs new and proactive approach toward Beijing," *The Korea Times*, January 17, 2013, http://www. koreatimes.co.kr/www/opinion/2018/04/202_129003.html (accessed July 11, 2017); Scott Snyder, "A new Opportunity for China-South Korea Relations Under Park Geun-hye and Xi Jinping?" *Asia Unbound* (Council on Foreign Relations), January 20, 2013, https://www.cfr.org/blog/new-opportunity-china-south-korea-relations-under-park-geun-hye-and-xi-jinping (accessed July 21, 2017).

間接產生削弱美韓同盟的影響。習近平利用朴槿惠與日本關係僵化的機會，企圖透過強調與首爾的反日聯盟來拉攏南韓，最終以此達到北京欲削弱美國對朝鮮半島影響力的目的。[31]

2015 年 9 月，朴槿惠參加中國的「勝利日閱兵」，這使習近平更為高估情勢，認為南韓不計其美國關係代價而「傾向」中國。在所有與會者之中，朴槿惠的身分非常特殊，是具有對美結盟的領導人。而美國無法勸阻她參加北京的紀念活動。因此，習近平認為，朴槿惠的出席對北京來說是「大收穫」，代表首爾對於北京日益增強的影響力的正面回應。[32]然而，朴槿惠與習近平一同出席，與其說朴槿惠被北京套牢，不如說她希望在北京與平壤關係空前薄弱的情況下，能鞏固中國對韓國統一的支持。無論是在中國還是南韓，南韓與中國及與美國的關係常常被定位成零和關係。然而，朴槿惠總統有意追求與中國及與美國各自的牢固關係，並沒有表現出削弱美韓同盟的意思。她的出席不應被視為是習近平的收穫，而應被視為首爾希望最終能鈞起北京的誘餌。

[31] Jane Perlez, "Chinese President's Visit to South Korea Is Seen as Way to Weaken U.S. Alliances," *The New York Times*, July 2, 2014, https://www.nytimes.com/2014/07/03/world/asia/chinas-president-to-visit-south-korea.html (accessed November 17, 2017); Jeremy Page and Alastair Gale, "China President's Visit to South Korea Before North Seen as Telling," *The Wall Street Journal*, June 27, 2014, https://www.wsj.com/articles/chinas-president-xi-to-visit-seoul-1403858327 (accessed November 24, 2017).

[32] S. Snyder, "Park's Decision to Join Xi Jinping's World War II Commemoration," *Asia Unbound* (Council on Foreign Relations), September 2, 2015, https://www.cfr.org/blog/parks-decision-join-xi-jinpings-world-war-ii-commemoration.

參、幻滅：失去對彼此的信任

2016 年 1 月，北韓進行第四次核試爆，朴槿惠和習近平之間絕佳的韓中關係便進入了根本的挑戰期。北韓所謂的「小型氫彈」試驗，不僅對南韓的和平與穩定構成威脅，也對東北亞區域安全構成強大挑戰。為了譴責北韓的試爆挑釁，並採取果斷措施阻止平壤進行更多核武開發，朴槿惠企圖使美國、中國和日本在內的區域國家間進行外交協商。特別是在核試驗後，她立即試著與區域領導人進行電話磋商，討論聯合國相關可能制裁措施。然而，相較其成功與美國總統歐巴馬及日本首相安倍進行電話溝通，朴槿惠並沒有成功聯繫到習近平。在沒有給出任何相關解釋的情況下，習近平更在一個月內拒絕接聽朴槿惠的電話。對朴槿惠來說，這種無法與習近平溝通的情況讓她既震驚又失望，因為她從上任開始就一直與中國保持著良好的關係，而這主要是為了推動共同處理北韓相關問題。

等到一個月後，習近平終於給朴槿惠打電話之際，兩國領導人之間已經幾乎沒有電話溝通的可能了。兩位領導人的聲明只是要重申有關北韓問題的例行談話。朴槿惠在失去與中國共同管理北韓問題的期待之後，便試圖透過在南韓境內部署薩德系統以促進南韓安全。事實上，美國政府從 2014 年起就一直訴求南韓在境內部署薩德系統，這已不是什麼祕密。[33]先前，由於中國提出強烈反對及可能威脅中國安

---

[33] Ju-min Park, "U.S. troop leader in South Korea wants deployment of new missile defense against North," *Reuters*, June 3, 2014, https://www.reuters.com/article/

全的說法，朴槿惠政府一直不願意公開通過部署薩德系統。為了避免不必要的對立及保持與中國的友好關係，朴槿惠政府以「三不」為藉口：不向美國提出請求、不與美國商議、不對部署薩德系統做決定。[34]實際上，此政策目的在於利用「戰略模糊性」概念，以延長不確定性。然而，平壤第四次核試驗及中國事後的冷淡態度，迫使朴槿惠做出部署薩德系統的決定。

中國領導人及其多數專家、觀察家和評論家都反對在南韓部署薩德系統。與南韓聲稱保護自身不受北韓進一步挑釁的理由相反的是，北京的官方聲明將薩德系統描述成區域安全問題及針對中國的威脅。[35]中國觀察家表示，部署薩德系統代表美國盟軍彈道導彈防禦系統在亞太區域的擴張；這削弱了中國的核武嚇阻力量，並證實其長期以來基於美國圍堵中國的隱憂。[36]因此，對中國來說，解決雙邊爭議、恢復首爾與北京關係的唯一途徑，就是從南韓撤出薩德系統。中國否認北韓挑釁與部署薩德系統之間的因果關係，甚至沒有對平壤第

---

us-usa-southkorea-missile-idUSKBN0EE09120140603 (accessed November 10, 2017).

[34] Sungtae Park, "THAAD: The Moment of Decision Has Arrived: Pyongyang's belligerence has force the issue for Seoul," *The National Interest*, January 29, 2016, https://nationalinterest.org/feature/thaad-the-moment-decision-has-arrived-15059 (accessed November 27, 2017).

[35] Foreign Ministry of PRC (FMPRC), "Foreign Ministry Statement, July 8, 2016," http://www.fmprc.gov.cn/web/zyxw/t1378537.shtml (accessed November 16, 2017).

[36] Ethan Meick and Nargiza Salidjanova, "China's Response to U.S.-South Korean Missile Defense System Deployment and its Implications," *U.S.-China Economic and Security Review Commission: Staff Research Report*, July 26, 2017, pp. 1-16.

四次核試驗後、朴習間電話溝通失敗發表言論，便迅速將爭議的所有
責任歸咎爲首爾「武斷」決定部署薩德系統。中國外交部部長王毅的
言論，則反映中國在此議題上的立場。「韓國應採取務實措施，盡快
拔除卡在韓中關係咽喉上的刺」，「解鈴還須繫鈴人」。[37]

　　針對南韓部署薩德系統的決定，中國政府對南韓企業、團體及個
人都展開了積極的報復性經濟活動。鑑於首爾對北京經濟的依賴度，
中國實施經濟脅迫的主要目的是要迫使南韓放棄部署薩德系統。從
2016 年 7 月南韓政府宣布部署薩德系統開始，中國限制南韓商品及
服務進入市場，包括娛樂、商品及旅遊等種種領域。中國對部署薩德
系統的報復行動，對南韓造成的經濟損失相當巨大。儘管官方數據很
少，但根據南韓智庫現代研究所的報告，光是 2017 年的損失就超過
了 75 億美元。此份報告顯示，旅遊業是受中國報復行動影響最大的
行業，而南韓對中出口所受到的影響較小。[38]

　　樂天公司是一家擁有重要零售業務的集團企業，便成爲中國經濟
報復的象徵性目標。中國決定特別對樂天進行報復，因爲樂天集團
允許其某個高爾夫球場成爲薩德系統託管地，用以交換軍方土地。中

---

[37] "Wang Yi reiterated the comment on THAAD that Korea should take practical measures to remove the thorn stuck in the throat of South Korea-China relations as soon as possible," *China News*, May 23, 2017, http://www.chinanews.com/gn/2017/05-23/8231582.shtml (accessed December 15, 2017).

[38] Hyundai Economic Research Institute (HRI), "What has changed," pp. 17-33, http://hri.co.kr/board/reportView.asp?firstDepth=1&secondDepth=1&numIdx=28944&isA=1 (accessed January 10, 2018).

國當局便開始對樂天在上海、北京、瀋陽、成都等多個中國城市之零售業務展開了懲罰性調查。到 2017 年 5 月，樂天市場報告表示，在「消防檢查」後，其 99 家門市中有 74 家被迫關閉，而 13 家門市在反韓抗議的情況下暫時關閉。大賣場樂天市場在中國的門市中，有將近 90% 停止營業，其餘繼續營業之門市，顧客數量則大幅減少。在遭受中國當局一年多的報復後，樂天市場蒙受了近 20 億美元的收入損失，便決定關閉已有 11 年的業務歷史，退出中國。[39]除了樂天，南韓其他在中國的企業，包括汽車製造商現代汽車（Hyundai）及起亞汽車（Kia Motors）、糖果製造商好麗友（Orion）和農心（Nongshim）、化妝品公司愛茉莉太平洋（Amore Pacific）、汽車電池供應商樂金化學（LG Chem）等，也都遭到了中國的報復。[40]

　　自 2017 年 5 月，南韓執政者從朴槿惠換成文在寅以來，政府為結束薩德系統爭端、緩解中國「反韓」禁令、恢復雙邊關係，嘗試了各種不同方式。派遣李海瓚作為文總統的特使造訪北京，便是解決因薩德系統使首爾和北京產生分歧問題的第一步。在李海瓚訪問期間，雙方都認識到改善雙邊關係的必要性；他們同意就薩德系統部署問題

[39] Min-hee Jung, "Lotte Faces 500 Billion Won Losses in China over THAAD Retaliation," *Business Korea*, May 8, 2017, http://www.businesskorea.co.kr/news/articleView.html?idxno=18007 (accessed January 15, 2018).

[40] Kim So-youn and Cho Kye-wan, "South Korean companies suffering heavy losses due to THAAD retaliation," *Hankyoreh*, September 19, 2017, http://english.hani.co.kr/arti/english_edition/e_international/811619.html (accessed January 20, 2018).

進行工作方面的討論。[41]2017 年 10 月 31 日，韓中雙方達成協議，也是再次嘗試以外交方式解決薩德系統爭端。雖然韓國和中國的立場都沒有明顯轉變，但兩國都宣布會擱置分歧，恢復正常關係。此協議內容為南韓外長康京所宣布的所謂「三不」政策：不追加部署薩德系統、不使用更多的導彈防禦系統、不建立韓美日軍事同盟。雖然首爾曾表示不會在這個問題上做出真正的讓步，但北京政府將此宣布解讀為必須付諸行動的承諾。[42]此後，11 月 11 日，在 APEC 峰會期間，中韓元首會議在越南峴港舉行。在那次會議上，兩國領導人再次強調要「迅速將各領域的交流合作恢復到正常軌道」。[43]

2017 年 12 月 14 日，文總統首次到中國進行國事訪問，也代表在加速首爾與北京之間的和解上，南韓已付出最大努力。此次為期 4 天的訪問，其重要目標是重建信任、恢復與中國的雙邊關係、解除中國當局針對部署薩德系統所實施的經濟制裁。至此，文在寅在元首會

---

[41] Seong-Hyon Lee, "Envoy, THAAD and Korea-China relations under Moon jae-in," *Pacific Forum, PacNet* 43 (2017), https://www.pacforum.org/analysis/pacnet-43-envoy-thaad-and-korea-china-relations-under-moon-jae (accessed January 25, 2018).

[42] Kristian McGuire, "China-South Korea Relations: A Delicate Détente," *The Diplomat*, February 27, 2018, https://thediplomat.com/2018/02/china-south-korea-relations-a-delicate-detente/ (accessed March 2, 2018).

[43] Clint Work, "South Korea and China Make Amends. What Now?" *The Diplomat*, November 18, 2017, https://thediplomat.com/2017/11/south-korea-and-china-make-amends-what-now/ (accessed January 15, 2018); Oskar Pietrewicz, "China-South Korea Relations: An Attempt to Break the Deadlock," *PISM Bulletin*, No. 3 (1074), January 5, 2018, http://www.pism.pl/publications/bulletin/no-3-1074 (accessed March 10, 2018).

面中，爲了移除一年來的外交緊張和經濟痛苦，擬定了「推進雙邊關係，確保長期穩定」的協議。文在寅甚至呼籲要進入「新時代」，希望能作爲韓中關係中外交與商業關係的解凍訊號。[44]儘管付出了這些努力，文在寅的中國之行基本上仍然被認爲是失敗的。習近平重申其對薩德系統的看法，並希望韓國能充分解決此問題，這讓文在寅政府和南韓民眾都感到失望。此外，文在寅訪問期間還發生了多起不友好事件，包括由低階官員出席歡迎儀式、沒有進行與中國總理共進午餐之慣例、中國媒體「粗俗」的報導、中國保安暴力毆打南韓記者等，這些舉動都加劇了南韓國內的輿論。[45]

　　相較之下，中國領導者包括習近平、李克強、楊潔篪在內等，都曾發表過結束經濟制裁、重啓韓中關係的堅定承諾，但在市場上卻鮮有實際成果。[46]因此，雙邊關係所受到的損害仍然超出任何直接經濟後果。真正令人擔憂的是，未能克服薩德系統爭端對韓中之間信任的破壞。南韓毅然決定部署薩德系統，讓中國人民感到失望，因爲中國政府已經提出明確且持續的反對意見；而中國爲了使薩德系統撤出而

---

[44] Charlotte Gao, "'China and South Korea Hail New Start' Amid Scuffle," *The Diplomat*, December 15, 2017, https://thediplomat.com/2017/12/china-and-south-korea-hail-new-start-amid-scuffle/ (accessed March 25, 2018).

[45] Andrew Salmon, "President Moon's China state visit spirals into PR disaster," *Asia Times*, December 15, 2017, https://www.asiatimes.com/2017/12/article/president-moons-china-state-visit-spirals-pr-disaster/ (accessed April 15, 2018).

[46] Qi Lin, "China, South Korea reset bilateral ties," *Global Risk Insights*, January 8, 2018, https://globalriskinsights.com/2018/01/china-south-korea-bilateral-reset/ (accessed April 25, 2018).

對南韓實施經濟制裁的做法，則讓南韓企業懷疑中國市場的價值。此時此刻，薩德系統爭端究竟會演變成韓中關係的根本性障礙，或僅是種雙邊互動的暫時性干擾，仍是未知數。但可以肯定的是，南韓和中國都將長期陷於薩德系統爭端中，不僅失去了相互的經濟利益，也損害了相互的信任。

肆、新關係？

自中國政府針對薩德系統向南韓實施報復性措施以來，已經兩年多了。因此，問題來了：中國當局是否會結束對南韓的經濟制裁？若是這樣，中韓關係能否恢復到以前經濟上緊密互賴的程度？綜觀朝鮮半島近況，中國並無意結束對南韓的經濟制裁。[47]多數中國人民認為，南韓薩德系統的持續存在是恢復韓中關係的根本性障礙。由於中國政府經常宣稱，只有將薩德系統從朝鮮半島撤走才能解決問題，因此，多數中國人民認為，只要薩德系統還在朝鮮半島上，中國政府就應該維持對南韓的經濟制裁，一旦出現任何足以加強美韓同盟的威脅問題，就應該實施額外的報復措施。在注意到 6 月 12 日美國川普總統於新加坡所舉行的美國北韓高峰會，其新聞發布會上提到暫停美韓聯合軍演後，中國政府也意識到薩德系統之撤出、美韓同盟解體的可

---

[47] Troy Stagnarone, "Did South Korea's Three Noes Matter? Not so Much," *The Diplomat*, October 30, 2019, https://thediplomat.com/2019/10/did-south-koreas-three-noes-matter-not-so-much/; Jae Ho Chung, "South Korea's US-China conundrum," *EASTASIAFORUM*, October 10, 2019, https://www.eastasiaforum.org/2019/10/10/south-koreas-us-china-conundrum/ (accessed November 8, 2019).

能性愈來愈大。為此，中國當局非但沒有解除經濟制裁，反而提高對南韓政府的外交壓力，要求其撤除薩德系統。[48]

　　對於南韓人民來說，與中國的關係似乎也很難恢復到部署薩德系統之前的友好關係。如圖 4.1 所示，2013 年朴槿惠所開啟的新政府時代，南韓人民首次表現出對中國愈來愈高的好感度。2015 年，朴槿惠出席中國的勝利日閱兵，南韓民眾對中國的認同程度也達到最高峰。然而，自 2016 年薩德系統爭端出現以來，南韓對中國的支持度開始有所下降，幾乎下降至 2015 年的一半。[49]雖然自 2017 年 10 月

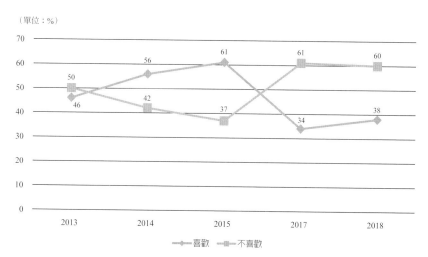

圖 4.1　南韓民眾對中國好感度

資料來源：皮尤研究中心（Pew Research Center），2019 年。

---

[48] Ministry of Defense (MOD) of PRC, "News Conference Record of Chinese Ministry of Defense," *MOD Web Editing Bureau*, June 2018, http://www.mod.gov.cn/jzhzt/2018-06/28/content_4818001_6.htm (accessed July 22, 2018).

[49] Jae Cheol Kim, "ROK-China Relations."

31 日兩國同意結束爭端以來，中國已經部分放鬆了對南韓的制裁，但南韓人民現在對中國的好感度更低。[50]這些統計數據顯示，南韓民眾對中國報復南韓企業的看法有多認真以待。正如某些南韓媒體所記錄，有愈來愈多南韓民眾表示，其看到中國經濟報復的「眞面目」。在看到中國一方面對北韓的無情挑釁保持沉默，另一方面卻因南韓部署防禦性的薩德系統而對南韓實施全面性經濟制裁，多數南韓民眾對中國的公平待遇失去了信任和期待。[51]

　　隨著對中國好感度的下降，南韓民眾對美國的看法也發生了變化，如圖 4.2 所示，現在有愈來愈多南韓民眾認爲美國是比中國更友好的未來合作夥伴，特別是從薩德系統爭端出現開始。自本世紀初以來，美國和中國一直被認爲是確保南韓安全與繁榮發展的關鍵夥伴。南韓與這兩個全球大國都保持著密切的關係，透過美韓軍事同盟加強自身的安全，並透過與中國市場日益增長的交流（及依賴）促進南韓的經濟繁榮。雖然南韓人民最不希望看到美中對立，但薩德系統爭端正是代表此種對立立場；其迫使南韓面臨在兩個霸權之間做

---

[50] According to April 2019 survey data from the Asan Institute for Policy Studies, South Koreans' favorable views of China slightly increased in November 2017 because of the October 31 agreement. However, they dropped once more in March 2018 and dropped even further during the first half of 2019. "South Koreans and Their Neighbors 2019," *Asan Institute for Policy Studies*, April 26, 2019, http://www.asaninst.org/contents/south-koreans-and-their-neighbors-2019/ (accessed May 29, 2019).

[51] "China's true face," *JoongAng Daily*, September 11, 2017, http://koreajoongangdaily.joins.com/news/article/article.aspx?aid=3038251 (accessed July 3, 2018).

（單位：%）

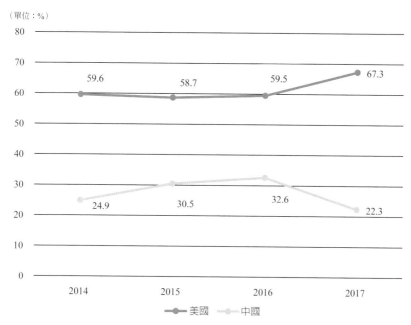

圖 4.2　南韓未來合作夥伴

資料來源：民意計畫研究（Program for Public Opinion Studies），2017 年。

出選擇的重大困境。鑑此，圖 4.2 便顯示出一項重點。自 2014 年以來，南韓民眾始終傾向於把美國、而非中國視為潛在的合作夥伴。如數據所示，即使在中韓關係達到最高峰的 2016 年，選擇中國的比例（32.6%）也低於選擇美國的比例（59.5%）；這些數據也展現了南韓人民對美國存在固有的信任及偏好。

此外，自 2017 年薩德系統爭端開始重創南韓社會以來，針對選擇中美之間的差距也進一步擴大，導致從選擇中國轉向美國的搖擺幅度更大。由 2018 年此差距幾乎保持不變的事實表示，儘管中國從 2017 年底以來部分放鬆針對薩德系統的報復性制裁，但多數南韓民眾還是情願把美國視為未來的合作夥伴。[52]這些統計數據也反映出，在薩德系統爭端發生後，至少有三分之二的南韓人民更傾向於減少南韓對中國的長期經濟依賴，以及降低中國在調解北韓事務中的角色。儘管不是薩德系統爭端所造成的直接影響，但 2018 年文在寅總統與金正恩的元首會面，以及隨後南北韓之間的高層接觸，都減少了南韓在處理北韓事務上對中國的依賴。[53]

在經濟關係方面，南韓對中國依賴度的下降尤為明顯。自 2017 年以來，愈來愈多南韓企業離開中國市場。多數南韓企業已經意識到在中國做生意的風險與危險。他們也加大對其他國家的投資，造成排擠掉對中國潛在投資的效應。例如，因為部署薩德系統所導致韓中關係惡化並造成損失愈來愈大，包括樂天市場和 E-mart 在內的南韓零售集團撤出中國。其他企業集團，例如現代汽車、樂金化學、三星 SDI（Samsung SDI）、SK 創新（SK Innovation）和愛茉莉太平洋公司等，要不停止在中國市場投入新投資，要不就是把新投資轉向東南

[52] According to 2018 survey data from the Asan Institute, 67.6% of South Koreans would choose to strengthen ties with the U.S., while 23.4% would choose China. In comparison to the 2017 data (in which 67.3% chose the U.S. and 22.3% chose China), these statistics, despite a slight change, remain largely intact in 2018. Public Opinion Studies Program, "A New Beginning for ROK-U.S. Relations: South Koreas' View of the United States and Its Implications," *Asan Institute*, June 27, 2018, http://en.asaninst.org/contents/a-new-beginning-for-rok-u-s-relations-south-koreans-view-of-the-united-states-and-its-implications/ (accessed July 18, 2018).

[53] Xie Tao, "China-North Korea Relations After the Trump-Kim Summit," *The Diplomat*, June 19, 2018, https://thediplomat.com/2018/06/china-north-korea-relations-after-the-trump-kim-summit/ (accessed July 11, 2018).

亞及歐洲。一旦其撤出中國或分散到其他投資領域，這些南韓企業似乎就很難再回到中國市場。從此角度來看，證明中韓關係已經很難再恢復。

伍、結論

　　經過四分之一世紀的雙邊關係之後，薩德系統爭端及中國對南韓實施報復性制裁，已經成為首爾和北京之間外交經濟關係歷史上的惡化分界線。在薩德系統爭端開始之前，南韓和中國曾一直保持著前所未有的友好合作關係。考量到南韓在經濟及北韓事務上對中國依賴度愈來愈大，南韓政府理所當然會試著與中國處理其密切關係。同樣地，中國也需要某種密切合作關係，以控制南韓在其軌道內，並約束首爾進一步加強美韓同盟關係的行動。然而，朴槿惠政府為因應北韓核子試驗等不斷的挑釁行為，決定在南韓部署薩德系統，導致中國向與其相關的南韓企業進行報復制裁。隨後雙邊關係便呈現多年持續癱瘓的狀態，維持至現任文在寅政府。儘管中國的報復措施已經有限度放寬，但中國對南韓的經濟制裁仍持續不斷，除非南韓政府將薩德系統從其領土撤出。

　　然而，即使中國放鬆經濟制裁，開啟恢復雙邊關係的新機會，韓中關係在可預見的未來可能還是不會完全恢復。相關原因有很多，首先，南韓民眾和中國民眾都失去了對彼此的信任。中國認為南韓決定部署薩德系統，便是表示其對中國真誠友誼的背叛，而南韓則對中國對南韓企業的經濟霸凌感到反感。中國實施經濟制裁，利用南韓高度的經濟依賴性，嚴重損害了南韓企業界長期以來對中國市場的信任。此外，多數南韓民眾也難以理解中國在被動接受北韓（違背中國期望）不斷挑釁行為，以及積極對南韓企業實施懲罰性經濟制裁之間的反差行為，南韓政府同意部署薩德系統只不過是要因應北韓的挑釁。目前相互不信任的程度已經非常高，導致雙邊關係將很難修復的地步。

其次，多數南韓人民也對中國市場失去信心，希望尋求與中國經濟合作的新形式。跟現實主義對此情況下所預測的避險行為一致，南韓正試著減少對中國的依賴。即使川普執政下的美國準備好吸收更多的南韓進口產品〔不過實際上並未如此，可能是因為川普為了美韓貿易逆差，才特別找南韓重新對自由貿易協議（FTA）進行談判〕，為了避險的需求，首爾必須在安全方面與華盛頓保持堅定的立場，但不至於過度依賴美國貿易。首爾必須尋找其他全球合作夥伴以加強經濟關係；其主要是透過向東南亞及歐盟尋求機會來達成其目標。歷任南韓政府一直在盡力以避免不必要麻煩的方式，來管理韓中關係。然而，中國因為南韓部署薩德系統而迅速對南韓進行經濟制裁，已經透露出中國有意利用南韓的經濟依賴性來實現其相關戰略目的。薩德系統爭端使得南韓出口商更快走向出口目的地的多元化。這種轉變發生得很緩慢，因為不只要重新調整貿易量（南韓近年平均貿易出口目的地有 26% 為中國，而其貿易順差中有 42% 便來自中國），東南亞和歐洲也都是競爭激烈的市場。

　　最後，在南韓評估其對中國依賴性的複雜計算中，北韓因素即是相當重要的角色。由於中國一直是北韓經濟援助和外交保護的主要來源，平壤若沒有北京的援助和保護，就無法保證其政權生涯。南韓注意到了這點。由於北韓事務是南韓政府的首要大事，亦是造成南北韓十年來對立局面的原因，因此，透過與中國保持密切的關係來確保其對北韓的間接影響，一直是南韓的核心目標，但此種做法已經不再有效。在部署薩德系統之後，南韓與中國的關係也與北韓關係有所衝擊。南韓正減少在北韓問題上對中國的依賴，也傾向於培養更加獨立和平衡的發展模式。事實上，自 2018 年年初以來，一連串雙邊元首會面，即有關南韓與北韓、北韓與中國、美國與北韓等會議，都改變了南北方關係，進而翻轉了韓中關係。這種變化為既有合作也有分歧、不確定結果的局面，開啟了新途徑方向。雖然南北韓關係正處於盧武鉉執政以來合作關係最佳的階段，但華盛頓和平壤之間的無核化談判能否成功仍是個未知數。誰也不知道最後會如何結束，但南韓必須為迎接成功而準備，同時也要避免失敗的風險。

|第五章|
民族主義、普遍化信任及中國對美國影響的態度*

傅澤民、潘欣欣、吳文欽**

* 特此感謝 Erin Baggott Carter、黃旻華、Alex Yu-Ting Lin 及郭全鎧提供修改意見。若有疏漏之處,責任歸諸本文作者。

** 傅澤民,美國南加州大學政治科學與國際關係博士。現任中央研究院政治學研究所助理研究員。曾任美國哥倫比亞—哈佛大學中國與世界研究項目博士後研究員、哥倫比亞大學政治系講師。研究領域爲國際關係理論、政治心理學、中共政治與外交政策、東亞安全。

潘欣欣,美國密西根州立大學政治學博士。現任東吳大學社會系助理教授。曾任中央研究院人文社會科學研究中心、台灣大學政治系博士後研究員。研究領域爲政治社會學、社會心理學、調查研究方法,當代中國政治轉型之社會基礎等。

吳文欽,美國密西根州立大學政治學博士。現任中央研究院政治學研究所副研究員。曾任美國哈佛大學燕京學社訪問學者、台灣大學東亞民主研究中心博士後研究員。研究領域爲比較國際政治經濟學、比較政治制度、比較威權主義、政治學方法論。

壹、前言

　　中國對美國的看法，以及其如何評估美國對其周邊外部環境的影響，很可能會影響到中國崛起的軌跡與中美關係的未來。[1]雖然中國是一個威權國家，但愈來愈多的經驗證據顯示，威權領導人與民主國家領導人一樣受制於民意。[2]如此看來，中國民眾如何看待美國的影響便能被視爲一項有可能影響美中互動過程的關鍵因素。例如，Randall Schweller 強調，中國和美國的民族主義，兩者的相容性將決定中美關係在未來幾年內會如何發展。因此，瞭解什麼因素決定了中國民眾對美國的態度以及對美國影響力的判斷，具有理論和政策上的重要性。

　　中國民眾如何評價美國對中國的影響？是什麼讓一個人有可能對美國的影響抱持著認可或貶低的態度？在現有文獻的基礎上，本文強調了塑造民眾對外國認知的兩種關鍵但又相互矛盾的力量：民族主義及普遍化信任。具體來說，我們假設民族主義會促使民眾以居高臨下

---

[1]　David C. Kang, *China Rising: Peace, Power, and Order in East Asia* (New York: Columbia University Press, 2007); Thomas J. Christensen, *The China Challenge: Shaping the Choices of a Rising Power* (New York: WW Norton & Co, 2015); Yves-Heng Lim, "How (Dis) Satisfied Is China? A Power Transition Theory Perspective," *Journal of Contemporary China*, Vol. 24, Issue. 92 (2015), pp. 280-297.

[2]　Jessica L. Weeks, "Autocratic Audience Costs: Regime Type and Signaling Resolve," *International Organization*, Vol. 62, Issue. 1 (2008), pp. 35-64; Gries, Peter Hays, Derek Steiger, and Tao Wang, "Popular Nationalism and China's Japan Policy: The Diaoyu Islands Protests (2012-2013)," *Journal of Contemporary China*, Vol. 25, No. 98 (2015), pp. 1-13.

的心態對外國進行負面評價，[3]而普遍化信任則以判斷社會互動性本質爲和諧者爲基礎，會讓擁有此特徵者對外國產生正面認知。[4]透過將民族主義和普遍化信任操作化爲二分類的理論變項，我們可以進一步將中國民眾對美國的態度予以類型化，並建立四種理想型：**多疑的民族主義者**（高度民族主義和低度普遍化信任）、**多疑的非民族主義者**（低度民族主義和低度普遍化信任）、**充滿信任的民族主義者**（高度民族主義和高度普遍化信任）和**充滿信任的非民族主義者**（低度民族主義和高度普遍化信任）。透過這一個類型學（typology），我們企圖展示，民族主義和普遍化信任如何共同塑造了民眾對外國的看法。

在這四種類型中，多疑的民族主義者最不可能對美國的影響力抱持正面看法，而充滿信任的非民族主義者則最有可能具正面看法。其他兩種類型的人對美國影響力的評價預計會介於這兩個理論性極端之間，因爲此兩種相反的理論性因素的作用力會在某種程度上相互抵銷。

---

[3] Daniel, Druckman, "Nationalism, Patriotism, and Group Loyalty: A Social Psychological Perspective," *Mershon International Studies Review*, Vol. 38, Issue. 1 (1994), pp. 43-68; Gries, Peter Hays, Qingmin Zhang, H. Michael Crowson, and Huajian Cai, "Patriotism, Nationalism and China's US Policy: Structures and Consequences of Chinese National Identity," *China Quarterly*, No. 205 (2011), pp. 1-17.

[4] Brian C, Rathbun, "Before Hegemony: Generalized Trust and the Creation and Design of International Security Organizations," *International Organization*, Vol. 65, No. 2 (2011), pp. 243-273; Brian C. Rathbun, *Trust in International Cooperation: International Security Institutions, Domestic Politics and American Multilateralism. Cambridge* (UK: Cambridge University Press, 2012).

　　本文使用中國的第四波亞洲民主動態調查（Asian Barometer Survey, ABS 4）來驗證本文之論點。亞洲民主動態調查的優勢在於其樣本具有全國代表性，這在中國政治和外交政策的研究中是相當罕見的，這使我們有可能對中國民眾的看法進行更精確的估計。實證結果與我們提出的假設一致，如果中國民眾的民族主義意識較強，便愈可能對美國產生負面看法。但是若存在普遍化的信任，這一個傾向就會被明顯弱化。

　　本文研究具有理論和政策上的意義。在理論上，本文指出了民族主義和普遍化信任是如何對美國的影響產生不同評價傾向的因果機制。我們在本文中所建立的理論模型也具備適用到其他國家或研究更廣泛的問題之潛力，例如個人如何看待外部環境。

　　最近有些研究也引起了對中美戰爭可能性的擔憂，其可能是源自於中國民族主義的崛起。[5、6]雖然本文發現，民族主義的高漲確實更有可能導致對美國影響力的負面評價，但本文也發現了一線希望：具體來說，大約有 61.7% 的中國民眾擁有相當程度的普遍化信任。若能本研究結果所揭示的，普遍化信任確實能緩解中國民眾對美國的反感看法。那麼，中美關係的未來實際上未必如許多觀察家所描述的那樣黯淡。

---

[5]　請見 Johnston 反對中國民族主義崛起的出色辯證。詳見：Johnston, Alastair Iain, "Is Chinese Nationalism Rising? Evidence from Beijing," *International Security*, Vol. 41, No. 3 (2017), pp. 7-43。

[6]　Graham, Allison, *Destined for War: Can America and China Escape Thucydides's Trap?* (Boston: Houghton Mifflin Harcourt, 2017).

本文分爲四個部分，第一節爲前言。在下一節中，本文考察了民族主義，以及個人對外部世界或者是外國之看法的相關文獻，而後提出三個假設。第參節則討論了本文爲檢驗這些假設所採取的經驗策略；接著，本文將在第肆節說明實證結果，最後一節則是結論。

貳、理論：民族主義、普遍化信任及外國影響力評估

若提及民眾的國家認同概念，以及其是如何看待自身民族國家與外部世界間關係之主題時，民族主義是被引用最多的變項之一。儘管學者們經常辯論民族主義的定義，但一般皆會同意，這是涉及兩個基本要素的關係性概念（relational concept）：對國家的熱愛，以及相信自己國家的地位高於他國。[7]簡言之，民族主義是一種深植於熱愛

---

[7] 有些學者如 Blank and Schmidt 或 Johnston 聲稱，對母國行動不加批判的支持是民族主義第三個組成部分，但也有學者如 Gries 等認爲，對自身民族國家不加批判的支持與盲目的愛國主義概念更具相關性。在本文中，我們並未將「對自身民族國家不加批判的支持」納入定義中。原因是，對自身民族國家的無條件支持並不涉及自身民族國家和他國間的地位比較。從某種意義上說，以他國存在作爲參考點是民族優越感出現的必要條件，而對本國不加批判的的支持則可能不是。然而，我們將在本文的下一版本中納入民族主義的三方面定義，以作爲一種針對變項強度的檢查。詳見：Thomas Blank and Peter Schmidt, "National Identity in a United Germany: Nationalism or Patriotism? An Empirical Test With Representative Data," *Political Psychology*, Vol. 4, No. 2 (2003), pp. 289-312; Gries, Peter Hays, Qingmin Zhang, H. Michael Crowson, and Huajian Cai, "Patriotism, Nationalism and China's US Policy: Structures and Consequences of Chinese National Identity," *The China Quarterly*, No. 205 (2011), pp. 1-17; Kosterman, Rick and Seymour Feshbach, "Toward a Measure of Patriotic and Nationalistic Attitudes," *Political Psychology*, Vol. 10, No. 2 (1989), pp. 257-274。

其民族國家的民族優越感。雖然民族主義與愛國主義高度相關，因為兩者都包括對國家的熱愛或自豪感，但這兩個概念並不是同義詞。如愛國主義並不會引發對其他群體的攻訐，或是族群自身的優越主義。但民族主義卻經常會導致上述的後果。[8]

　　許多研究指出，愛國主義和民族主義在分析上是可以被區分的，並確定了國家優越感及貶低外部族群間的強大相關性。[9]故而，具有高度民族主義心態的個人更有可能貶低外部族群，或對其抱持較不喜好的看法。對他們來說，外部族群不等同他們的民族國家，而且也永遠無法達到同等地位。[10]高度民族主義的人往往相信自己的族群能夠化不可能為可能，這導致他們堅信只有他國變得更像其民族國家時，世界才能變得更好。職是之故，若個人以蔑視的角度看待其他國家，就不太可能對他國對其民族國家或周圍環境所施加的影響持有正面看法。

8　應注意的是，社會心理學的文獻一再表示，僅區分內部族群與外部族群，或是內部族群的偏好，並不會導致對外部族群的貶低或仇恨。

9　Thomas Blank and Peter Schmidt, "National Identity in a United Germany: Nationalism or Patriotism? An Empirical Test With Representative Data," pp. 289-312; Druckman, Daniel, "Nationalism, Patriotism, and Group Loyalty: A Social Psychological Perspective," *Mershon International Studies Review*, Vol. 38, Issue. 1 (1994), pp. 43-68; Kosterman, Rick and Seymour Feshbach, "Toward a Measure of Patriotic and Nationalistic Attitudes," pp. 257-274; Mummendey, Amélie, Andreas Klink, and Rupert Brown, "Nationalism and Patriotism: National Identification and Out-Group Rejection," *British Journal of Social Psychology*, Vol. 40, Issue. 2 (2001), pp. 159-172.

10　Thomas Blank and Peter Schmidt, "National Identity in a United Germany: Nationalism or Patriotism? An Empirical Test With Representative Data," pp. 289-312.

許多學者皆強調民族主義是塑造民眾政治態度的重要驅動力：Pan 和 Xu 證明了，民族主義是影響中國輿論的一關鍵面向。[11]Tang 和 Darr 發現，民族主義與反民主、偏好威權和反資本主義的傾向有關。[12]在外交政策領域，Sinkkonen 揭示，偏好民族主義的個人更傾向於支持保護主義政策，而非合作性政策。[13]Gries et al.則發現，[14]民族主義和針對美國的威脅認知之間有明顯的關聯。[15]Han、Chen 及 Fang 則表示，民族主義深深影響了居住在美國的中國學者以及學生對美國的看法。[16]儘管這些文章所採用樣本並不具有全國代表性，但其皆強調了民族主義在塑造中國民眾認知和其外交政策偏好時的關鍵角色。本文據此提出以下關於民族主義和中國民眾對美國影響力評價

---

[11] Pan, Jennifer and Yiqing Xu, "China's Ideological Spectrum," *Journal of Politics*, Vol. 80, No. 1 (2018), pp. 254-273.

[12] Tang, Wenfang and Benjamin Darr, "Chinese Nationalism and Its Political and Social Origins," *Journal of Contemporary China*, Vol. 21, No. 77 (2012), pp. 811-826.

[13] Sinkkonen, Elina, "Nationalism, Patriotism and Foreign Policy Attitudes among Chinese University Students," *The China Quarterly*, No. 216 (2013), pp. 1045-1063.

[14] Gries, Peter Hays, Qingmin Zhang, H. Michael Crowson, and Huajian Cai, "Patriotism, Nationalism and China's US Policy: Structures and Consequences of Chinese National Identity," *The China Quarterly*, No. 205 (2011), pp. 1-17.

[15] 然而，Li、Wang 和 Chen 的研究表明，民族主義並未對國際信任產生實質性影響。詳見：Li, Xiaojun, Jianwei Wang, and Dingding Chen, "Chinese Citizens' Trust in Japan and South Korea: Findings from a Four-City Survey," *International Studies Quarterly*, Vol. 60, Issue. 4 (2016), pp. 778-789。

[16] Han, Donglin, Dingding Chen, and Changping Fang, "Images of the United States: Explaining the Attitudes of Chinese Scholars and Students in the United States," *Chinese Journal of International Politics*, Vol. 6, Issue. 2 (2013), pp. 183-207.

的假設。

假設一：民族主義導致中國民眾正面評價美國影響力的可能性較低。

在探討影響個人如何看待外部世界和評價某一國影響力時，民族主義並非唯一重要的因素。在社會心理學的基礎上，學者強調了普遍化信任在民眾生活和國際關係中的角色。普遍化信任，即是相信他人基本上是值得信賴的信念，並已被證明是建立社群及促進國際合作的基石。[17]雖然普遍化信任最初是一特定形式的社會取向（social orientation），是基於個人對人性或社會關係性質的信心所形成；但許多研究已顯示，普遍化信任實際上也影響了個人在外交政策上的取向。[18]而最近一項嚴謹的研究也證實了個人核心價值觀會影響外交政策取向。[19]

當個人缺乏普遍化信任時，他們會擔心自己被利用。這樣的擔憂只有在他們所獲得的具體資訊是他國的優勢策略（dominant

---

[17] Rathbun, Brian C., "It Takes All Types: Social Psychology, Trust, and the International Relations Paradigm in Our Minds," *International Theory*, Vol. 1, Issue. 3 (2009), pp. 345-380; Eric M Uslaner, *The Moral Foundations of Trust* (Cambridge: Cambridge University Press, 2002).

[18] Brewer, Paul R., Sean Aday, and Kimberly Gross, "Do Americans Trust Other Nations? A Panel Study," *Social Science Quarterly*, Vol. 86, Issue. 1 (2005), pp. 36-51; Rathbun, Brian C., "Before Hegemony: Generalized Trust and the Creation and Design of International Security Organizations," pp. 243-273.

[19] Brian C. Rathbun, Joshua D. Kertzer, Jason Reifler, Paul Goren, and Thomas J. Scotto, "Taking Foreign Policy Personally: Personal Values and Foreign Policy Attitudes," *International Studies Quarterly*, Vol. 60, Issue. 1 (2016), pp. 124-137.

strategy）為不傷害他們時，才能得到緩解。[20]這種信任具有情況特殊性，一旦環境參數發生變化，就很容易分崩離析。[21]總之，不具有普遍化信任的個人會以多疑的眼光看待世界，他們對其他國家的誠實及正直總是心存疑慮。

　　在具有普遍化信任的情況下，對社會關係的和諧性有高度信心的個人不會認為他國會試圖利用其民族國家。正如 Brian Rathbun 所言，[22]「普遍化信任者會樂觀地認為他人會履行其協議，並且不會希望他們受到傷害。」在普遍化信任者之中，對機會主義的恐懼是不存在或至少不常見的；普遍化信任度高的人很願意相信其他國家不抱持惡意。即使其民族國家的命運掌握在他國手中，其民族國家的利益也不會受到損害。[23]只有當大量資訊顯示應該謹慎行事時，普遍化信任者才會停止信任。[24] Li、Wang 與 Chen 運用一項中國四大城市調

---

[20] Brian C. Rathbun, Joshua D. Kertzer, Jason Reifler, Paul Goren, and Thomas J. Scotto, "Taking Foreign Policy Personally: Personal Values and Foreign Policy Attitudes," *International Studies Quarterly*, Vol. 60, Issue. 1 (2016), pp. 124-137.

[21] Hardin, Russell, *Trust and Trustworthiness* (New York: Russell Sage Foundation, 2002).

[22] Brian C. Rathbun, *Trust in International Cooperation: International Security Institutions, Domestic Politics and American Multilateralism* (UK: Cambridge University Press, 2012), p. 3.

[23] Rathbun, Brian C., "The 'Magnificent Fraud': Trust, International Cooperation, and the Hidden Domestic Politics of American Multilateralism after World War II," *International Studies Quarterly*, Vol. 55, Issue. 1 (2011), p. 5.

[24] Brian C. Rathbun, *Trust in International Cooperation: International Security Institutions, Domestic Politics and American Multilateralism* (UK: Cambridge University Press, 2012), p. 24; Mercer, Jonathan, "Rationality and Psychology in International Politics," *International Organization*, Vol. 59, No. 1 (2005), p. 95.

查，建立了中國民眾對日本及南韓普遍化信任和特殊化信任之間的關聯性。[25]我們認為，若普遍化信任會影響個人對其他國家可信度的評價，那麼也應該會影響個人針對他國對其本國影響力之評價。根據上述討論，本文認為，擁有普遍化信任的人應該比不信任的人更有可能認為他國對其國家與周圍環境的影響是正面的，這引導出我們的第二個假設。

假設二：普遍化信任促使中國民眾正面評價美國影響力的可能性較高。

到目前為止，本文已討論了民族主義和普遍化信任之於中國民眾評價美國影響力的影響。簡言之，本文認為民族主義程度高的人不太可能對美國的影響抱持正面看法，這主要是受到易貶低外部族群傾向和優越主義的影響。本文也假設，高程度的普遍化信任更有可能產生對美國影響的正面評價：充滿信任的人不會質疑他國的正直及誠實，而信任程度低的人則總是質疑。民族主義和普遍化信任可看作是兩項重要的驅動因素，儘管其方向看似矛盾，卻共同決定了個人對他國影響的評價。

民族主義會降低個人給出正面評價的可能性，而普遍化信任則可使其給出正面評價的可能性提高。據此，在本文的實證分析中，我們

---

[25] Li, Xiaojun, Jianwei Wang, and Dingding Chen, "Chinese Citizens' Trust in Japan and South Korea: Findings from a Four-City Survey," *International Studies Quarterly*, Vol. 60, Issue. 4 (2016), pp. 778-789.

預計民族主義和普遍化信任作爲變項，將在統計上呈現相反的結果。
而將這兩個關鍵面向結合起來，我們可以推演出中國民眾對美國態度
的四種理想類型：多疑的民族主義者、多疑的非民族主義者、充滿信
任的民族主義者和充滿信任的非民族主義者。表 5.1 顯示了這四種理
想類型之間的關係。

表 5.1　四種態度的理想類型

		民族主義	
		低	高
普遍化信任	低	多疑的非民族主義者	多疑的民族主義者
	高	充滿信任的非民族主義者	充滿信任的民族主義者

　　對美國四種態度的理想類型中，每一種都會產生不同的心理效
應，而這些效應又會對美國影響力的評價產生不同傾向。這些傾向可
以從本文中有關民族主義及普遍化信任對民眾外交政策認知影響的探
討推得。我們將具有民族主義且同時不存在普遍化信任的個人稱爲**多
疑的民族主義者**：他們認爲自己的民族國家比他國優越。此外，他們
一般不會認爲其他國家有含善意的意圖。換言之，有兩股力量同時驅
動著對美國影響力給出負面評價。基於此，多疑的民族主義者極不可
能以正面方式看待美國對其民族國家和周邊環境的影響。

　　充滿信任的非民族主義者擁有普遍化信任，同時並不具有昂揚的
民族主義傾向。這些充滿信任的個人既不相信他國永遠無法與他們的
民族國家相比，也不接受優越主義的概念。由於他們並不認爲中國比

美國優越，且普遍認為美國的意圖沒有惡意，故這兩種力量會共同驅使個人正面評價美國的影響力。綜言之，充滿信任的非民族主義者是最傾向以正面態度看待美國影響力的人。

多疑的非民族主義者是那些缺乏普遍化信任，同時民族主義情緒激昂的人。他們不相信優越主義的概念，但也不認為他國帶有善意。如此不具優越主義的看法將會在一定程度上削弱對外國影響力的負面認知。**充滿信任的民族主義者**是指那些同時具有民族主義精神及普遍化信任的個人。他們認為自己的民族國家優於其他國家，但他們也對他國的誠實和正直具有信心。因此，只要存在普遍化信任，就不難預見其會削弱優越主義在評價外國的力量。鑑於民族主義和普遍化信任的因果效應在這兩個族群（即多疑的非民族主義者及充滿信任的民族主義者）中相互作用，本文理論上的預期，便是這兩個族群對美國影響力具正面評價的可能性應高於多疑的民族主義者，但也低於充滿信任的非民族主義者。

假設三：中國民眾正面評價美國影響力的可能性，以充滿信任的非民族主義者為最高；多疑的非民族主義者及充滿信任的民族主義者則居中，而多疑的民族主義者為最低。

參、研究設計及測量

為了驗證本文的假設，本文採用第四波亞洲民主動態調查的結果。以全國性抽樣為基礎，第四波亞洲民主動態調查針對亞洲 14 個國家及地區的民眾進行了面對面的訪談，詢問其政治態度、價值觀與經驗。從 2014 年 12 月至 2016 年 6 月，第四波亞洲民主動態調查針對中國 26 個省級行政區中，共 4,068 位 18 歲以上的受訪者成功進行訪談。

一、依變項：美國對中國的影響

第四波亞洲民主動態調查提出了以下問題來衡量民眾針對美國對其本國影響力的看法：「一般而言，美國對我們國家的影響是？」回答項目以 6 分作為組距衡量，從非常負面到非常正面。表 5.2 顯示了中國受訪者的答案分布情形，具體來說，中國民眾在評價美國對中國的影響方面，呈現了兩極化的傾向：34.86% 中國受訪者認為美國的影響是負面的，30.32% 的受訪者則抱持正面態度。然而，應該注意的是，大約有 35.2% 受訪者回答「不懂問題」、「不知道」或「不想回答」。在本文隨後的分析中，我們採用了一個虛擬變項來重新編制受訪者的答案：將具正面意涵的答案編制成 1，其他則編制成 0。雖然將「不懂問題」、「不知道」或「不想回答」的答案都算作否

表 5.2　中國民眾對美國影響中國的看法

問題：一般而言，美國對我們國家的影響力是？								
非常負面	負面	有些負面	有些正面	正面	非常正面	不懂問題	不知道	不想回答
292	579	547	558	574	93	605	671	149
(7.18)	(14.23)	(13.45)	(13.72)	(14.11)	(2.29)	(14.87)	(16.49)	(3.66)

注意：樣本數為 4,068 人。括號中數字為百分比。

定答案的做法，乍看之下有些獨斷，但依進一步的統計分析顯示，若是將「不懂問題」、「不知道」或「不想回答」等答案當作遺失值（missing values）或另一項實質類別，本文主要的研究結果仍維持不變。

二、自變項：民族主義和普遍化信任

本文的關鍵解釋變項是民族主義及普遍化信任。為了衡量民族主義，多數研究都以個人身為其國家的國民所感到的光榮及優越感為基礎。[26]而本文認為，在中國的背景因素下，我們可以再納入另一個在現有文獻中被忽視的面向。由於中國作為一個在世界中正崛起的重要大國，中國公民對中國的信心大到讓他們認為，中國應作為所有其他國家的榜樣，使世界變得更好。這樣的民族主義形式，在向他國輸出其生活方式的意圖上是很堅定的。

具體來說，本文透過第四波亞洲民主動態調查所提出的四個問題，來建立本文對民族主義的衡量：（一）民眾應永遠忠於其國家，無論國家有多不完美或做過多少錯事；（二）即使我可以選擇成為世

---

[26] Tang, Wenfang and Benjamin Darr, "Chinese Nationalism and Its Political and Social Origins," *Journal of Contemporary China*, Vol. 21, No. 77 (2012), pp. 811-826; Sinkkonen, Elina, "Nationalism, Patriotism and Foreign Policy Attitudes among Chinese University Students," *The China Quarterly*, No. 216 (2013), pp. 1045-1063; Gries, et al., "Patriotism, Nationalism and China's US Policy: Structures and Consequences of Chinese National Identity," pp. 1-17; Han, Donglin, Dingding Chen, and Changping Fang, "Images of the United States: Explaining the Attitudes of Chinese Scholars and Students in the United States," *Chinese Journal of International Politics*, Vol. 6, Issue. 2 (2013), pp. 183-207; Pan, Jennifer and Yiqing Xu, "China's Ideological Spectrum," *Journal of Politics*, Vol. 80, No. 1 (2018), pp. 254-273.

界上任何一個國家的民眾，我也寧願做一個中國民眾；（三）一般來說，中國比世界上多數國家都要好；（四）若其他國家的人更像中國人，世界就會變得更好。這四個問題採用了四點李克特量表（Likert scale）進行測量：1 表示非常不同意，4 表示非常同意。[27]表 5.3 則顯

表 5.3　中國民眾的民族主義情懷

問題：民眾應該永遠忠於其國家，無論該國家有多不完美或做過多少錯事。						
非常不同意	不同意	同意	非常同意	不懂問題	不知道	不想回答
41	368	2,523	750	124	133	65
(1.01)	(9.05)	(62.02)	(18.44)	(3.96)	(4.45)	(1.08)

問題：即使我能選擇成為世界上任何一個國家的公民，我還是寧願選擇當中國公民。						
非常不同意	不同意	同意	非常同意	不懂問題	不知道	不想回答
31	250	2,242	1,223	124	133	65
(0.76)	(6.15)	(55.11)	(30.06)	(3.05)	(3.27)	(1.60)

問題：一般來說，中國比世界上多數國家都要好。						
非常不同意	不同意	同意	非常同意	不懂問題	不知道	不想回答
117	859	1,857	539	222	393	81
(2.88)	(21.12)	(45.65)	(13.25)	(5.46)	(9.66)	(1.99)

問題：若其他國家的人更像中國人，世界就會變得更好。						
非常不同意	不同意	同意	非常同意	不懂問題	不知道	不想回答
28	384	2,346	929	80	232	69
(0.69)	(9.44)	(57.67)	(22.84)	(1.97)	(5.70)	(1.70)

注意：樣本數為 4,068 人。括號中數字為百分比。

---

[27] 這四個問題的克隆巴哈 α 係數（Cronbach's alpha）是 0.7，代表這三個問題具有內部一致性。

示了第四波亞洲民主動態調查中，中國受訪者的答案分布情況。基於項目反應理論（item response theory model, IRT），本文進一步根據受訪者對這四個問題的回答，估計並測量了中國受訪者所具民族主義情懷的程度。

　　為了測量普遍化信任，本文採納受訪者對以下兩個問題的回答：（一）一般而言，你會說自己非常同意、有些同意、有些不同意或非常不同意「多數人是值得信任」的說法嗎？（二）你是否認為若有機會，他人就會想占你便宜？或是他們將會講求公平？而如表 5.4 所示，多數受訪者對第一個問題表示同意（70.23%）或非常同意（10.13%）。據此，本文所採取有關公平待遇的問題將可以篩選出

表 5.4　中國民眾的普遍化信任

問題：一般而言，你會說自己非常同意、有些同意、有些不同意或非常不同意「多數人是值得信任」的說法嗎？						
非常 不同意	有些 不同意	有些 同意	非常 同意	不懂 問題	不知道	不想 回答
46	622	2,857	412	46	52	33
(1.13)	(15.29)	(70.23)	(10.13)	(1.13)	(1.28)	(0.81)

問題：你認為若是有機會，他人就會想占你便宜？或是他們會講求公平？				
占便宜	講求公平	不一定	不知道	不想回答
1,038	2,584	256	166	24
(25.52)	(63.52)	(6.29)	(4.08)	(0.59)

注意：樣本數為 4,068 人。括號中數字為百分比。

那些具有較高信任度的人。對於這兩個問題有其他想法的個人，我們採用一個虛擬變數，以區分那些同時認為「多數人是值得信任的」和「盡量講求公平」的人。

　　圖 5.1 提供了一些初步證據以支持本文假設。我們以柱狀圖，對照上一節中所提出的類型，列出正面評價美國對中國影響之受訪者比例。本文以民族主義的中間值作為區分民族主義者和非民族主義者的分界點，再根據受訪者的民族主義傾向和普遍化信任的組合，將其分為 4 類。在圖 5.1 中，充滿信任的非民族主義者最有可能認為美國影響是正面的，而多疑的民族主義者則最不可能這樣認為。這兩類受訪

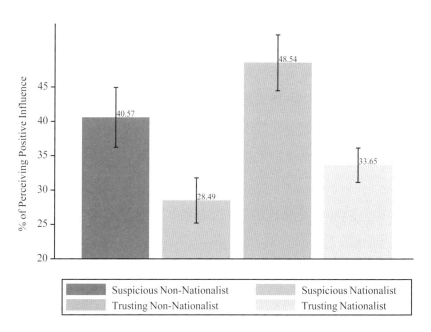

圖 5.1　普遍化信任、民族主義及美國對中國的影響之看法

者之 95% 信賴區間（confidence intervals）並未重疊，t 檢定（t-test）的結果顯示，兩類受訪者的平均值是不同的。故此差異代表著，具有普遍化信任或民族主義情懷較低的受訪者傾向於將美國影響視為正面。在下一節中，我們將進行迴歸分析（regression analysis）來進一步研究這個問題。

肆、實證結果

由於本文的依變項為二元變數，因此進行邏輯迴歸模型（logit models）來檢驗本文的假設。本文更納入省內的虛擬變數，並將標準誤差依省進行分組。表 5.5 可看出本文的預期結果。正如在模型一所能看到，民族主義和普遍化信任的 P 值小於 0.05，算是在預期方向上具有統計顯著性。就民族主義面向而言，具有較高民族主義情懷的中國民眾，比起不具相同感覺者，更可能認為美國對中國的影響是負面的。同時，擁有普遍化信任的中國民眾比沒有普遍化信任的中國民眾，更會正面評價美國對中國的影響。這些結果分別支持假設一和假設二。

本文主要焦點是表 5.2 所列不同類型的中國民眾如何看待美國對中國的影響。以中間值作為探討民族主義面向的切入點，本文將受訪者分成四組：多疑的非民族主義者、多疑的民族主義者、充滿信任的非民族主義者及充滿信任的非民族主義者。本文為每個類型設立了 4 個虛擬變數，並就模型二進行評估，以充滿信任的非民族主義者為

表 5.5　中國民眾評價美國對中國的影響

	(1)	(2)	(3)	(4)
年齡	-0.029***	-0.028***	-0.029***	-0.029***
	[0.003]	[0.003]	[0.003]	[0.003]
男性	-0.257*	-0.263*	-0.258*	-0.255*
	[0.103]	[0.104]	[0.104]	[0.102]
社會地位	0.029	0.030	0.028	0.030
	[0.017]	[0.017]	[0.017]	[0.017]
中國共產黨員	0.161	0.155	0.161	0.160
	[0.122]	[0.121]	[0.122]	[0.121]
大學	0.385**	0.374**	0.394**	0.385**
	[0.121]	[0.126]	[0.122]	[0.121]
城市	0.128	0.115	0.139	0.131
	[0.081]	[0.081]	[0.082]	[0.080]
對外交事務的興趣	0.154***	0.150***	0.152***	0.153***
	[0.039]	[0.038]	[0.039]	[0.039]
民族主義（IRT）	-0.341*			-0.213
	[0.169]			[0.220]
普遍化信任	0.237**			0.289*
	[0.083]			[0.120]
多疑的非民族主義者		-0.302**	-0.254*	
		[0.105]	[0.105]	
多疑的民族主義者		-0.513***	-0.351**	
		[0.119]	[0.115]	

表 5.5　中國民眾評價美國對中國的影響（續）

	(1)	(2)	(3)	(4)
信任的民族主義者		-0.302**	-0.178	
		[0.115]	[0.094]	
民族主義 X 普遍化信任				-0.193
				[0.240]
常數	0.365	0.689*	0.588	0.333
	[0.269]	[0.283]	[0.303]	[0.254]
N	2873	2873	2873	2873
Log 概似函數	-1764.269	-1762.285	-1765.263	-1764.076

注意：括號內爲按省分組的穩健標準誤（robust standard errors）。省級虛擬變數並未顯示。

$* p < 0.05 ** p < 0.01 *** p < 0.001$, 雙尾檢定。

參照組。如模型二所示，多疑的非民族主義者、多疑的民族主義者及充滿信任的民族主義者之係數均爲負值，且 P 值小於 0.05 而具有統計顯著性，代表充滿信任的非民族主義者評價美國對中國的影響最爲正面。同時，t 檢定的結果顯示，多疑的民族主義者的係數與多疑的非民族主義者及充滿信任的民族主義者的係數（P 值分別是 0.042 及 0.048）有顯著差異。換句話說，充滿信任的非民族主義者評價美國對中國的影響最爲正面，而多疑的民族主義者則有最負面的評價。這種差異結果證實了假設三。

在模型三中，本文以民族主義的平均值將受訪者重新劃分爲四種類型。其結果是多疑的民族主義者的評價最爲負面，其與參照組的差異在 P 值上小於 0.01，仍有統計顯著性。儘管本研究分類受訪者時，使用了中間值和平均值作為閾值，但仍考量這些閾值是否不夠嚴謹。由於模型二和模型三的結果顯示，普遍化信任能調節民族主義情懷對受訪者評價美國影響力的介入，我們在模型四中納入了普遍化信任和民族主義的交互作用項（interaction term）。儘管普遍化信任仍具有統計顯著性，但民族主義及其與普遍化信任的交互作用並不顯著。因為本文所評估的是一個非線性模型，交互作用項的係數及訊息可能會產生誤導。因此，我們在圖 5.2 中說明了，在民族主義作為變項的不同數值下，普遍化信任對依變項的邊際效應：當民族主義情懷小於 0.45（即民族主義約居於 75 百分位數）時，具有普遍化信任的受訪者比沒有普遍化信任的受訪者，更可能正面評價美國對中國的影響。換言之，普遍化信任能調節民族主義對四分之三中國民眾評價

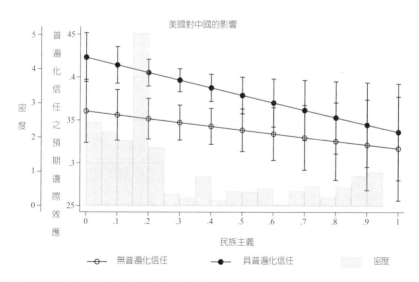

圖 5.2　普遍化信任在認知美國對中國的影響之邊際效應

美國對中國的影響之作用。然而，對於那些民族主義程度很高（即大於 75 百分位數）的人來說，普遍化信任的調節作用在統計上並不顯著。

除了上述分析以外，本文還使用了探索性因素分析來建立對民族主義的測量。在分類受訪者時，我們分別使用中間值及平均值作為閾值。我們發現，即使改變了測量民族主義的方式，統計分析的結果也並未有顯著改變。

在模型六中，本文以受訪者對美國在亞洲影響力的評價取代依變項。具體來說，第四波亞洲民主動態調查詢問受訪者「美國對該地區的影響是好？還是壞？」我們採用了一個虛擬變項以重新編制受訪者的答案：0 代表「利大於弊」及「有些利大於弊」，1 代表「弊大於利」及「有些弊大於利」。結果顯示，充滿信任的民族主義者比多疑的民族主義者更不可能對美國在亞洲的影響給予負面評價。然而，愛國主義者與那些參照組並不存在統計上的差異。因此，不同於民族主義，愛國主義在中國民眾評價美國在亞洲的影響力方面上，可能並不具有關鍵作用。

控制變項的結果也很值得討論。受訪者的年齡和性別對於正面評價美國影響力的可能性至關重要。正如預期，年齡較大的受訪者及男性更可能認為美國對中國的影響是負面的，那些認為中國是亞洲最有影響力國家的受訪者也是如此。相比之下，主觀社會地位較高或擁有大學學位的受訪者，則不太可能在評估美國對中國的影響時給予負面評價。最後，我們可能會預設，中國共產黨的黨員身分會讓個人更可能認為美國的影響力是負面的。然而本文的統計分析顯示，中國共產黨的黨員不必然會對美國抱持負面看法。

伍、結論

在本文中，我們提出了兩個論點。首先，民族主義及普遍化信任皆會影響中國民眾對美國影響力的看法，但二者的因果效應卻是在相互衝突的方向上發揮作用。第二，民眾具高度民族主義情懷及缺乏普遍化信任的組合，在評價美國的影響時具有最強烈的負面傾向；低度民族主義情懷及普遍化信任的組合，在評價美國的影響時，則具有最強烈的正面傾向。

實證結果在很大程度上支持了本文的主張。本文所研究的變項，即民族主義和普遍化信任，在各模型中都維持了其統計顯著性，在作用的方向上也符合我們的理論預期。而在四個理想型中，對美國影響力具正面評價的預測概率也與本文的理論預期一致。民族主義和普遍化信任確實是決定民眾對外國看法的兩項影響性因素。

關於中國民眾對美國影響力認知之驅動力的研究結果，應能對政治心理學和國際關係領域提供相關啟發。現有的文獻顯示，民族主義會侵蝕對外國的正面看法，而普遍化信任則會強化之。然而，現有的文獻並未進一步討論，推力（民族主義）和拉力（普遍化信任）兩者的矛盾力量如何同時塑造個人對外國的看法。本研究發現，對民族主義情緒高昂和不存在普遍化信任的中國民眾來說，要維持其對美國的正面態度很難；而對於非民族主義者和信任程度高的中國民眾而言，則一點也不難。職是之故，只要中國社會擁有普遍化信任的民眾愈多，便可能在一定程度上改善其對美國的憤恨，我們也就能進而對中美關係的前景，抱持謹慎的樂觀態度。

　　本研究也指出一些未來研究的可能性。雖然本文已證明了民族主義和普遍化信任對民眾評估外國影響力的作用，但對民族主義和普遍化信任在中國的起源，瞭解卻非常有限。為什麼有些中國民眾比其他人更懷有民族主義情緒？為什麼有些中國民眾比他人更信任他人？簡言之，是什麼在中國民眾的心中培養了民族主義和普遍化信任？而另一可行的研究問題，便是公眾認知如何被轉化為對外政策；雖然本文已將具不同族群傾向和心理特徵的民眾政策偏好理論化，但其認知及偏好的具體分布，是如何產生特定類型的外交政策，則仍有待未來探究。

|第六章|
拜登政府對華政策方向與中國之應對

金東燦*

* 復旦大學國際關係與公共事務學院博士。現任延世大學國際學大學院兼任教授、中國研究院副研究員。曾任慶南大學極東問題研究所訪問學者、慶雲大學教養學部講師。研究領域爲美中關係、中國對外政策、東北亞地區安全體系等。

壹、緒論

2020 年的中美關係可總結爲「雙方摩擦的領域不斷擴大，在部分領域還出現了較嚴重的脫鉤（decoupling）現象」。[1]自從川普政府開始對中國的商品徵收高稅率進口關稅以來，中美關係不斷惡化。如今，國內外的許多學者都認爲，中美之間的戰略競爭格局已經形成。[2]一些西方學者甚至紛紛表示「中美關係已經進入新冷戰局面（new cold war）」。[3]然而，著名冷戰史專家文安立（Odd Arne Westad）則認爲，現在的中美競爭格局與冷戰初期肯南（George Kennan）所目睹的美蘇關係不同，中美之間進行的戰略競爭是另一種全新的博弈。因此，他主張「美國不能用冷戰時期應對蘇聯的方式

---

[1] 韓碩熙，〈2020 年美中關係的評估報告〉，韓國國立外交院 2020 年中國局勢評估研討會，2020 年 12 月 10 日。

[2] 吳心伯，〈論中美戰略競爭〉，《世界經濟與政治》，第 5 期（2020 年），頁 97；左希迎，〈戰略競爭時代的中美關係圖景〉，《戰略決策研究》，第 2 期（2018 年），頁 79；Ashley J. Tellis, "The Return of U.S.-China Strategic Competition," in Alison Szalwinski and Michael Wills eds., *Strategic Asia 2020: U.S.-China Competition for Global Influence* (Seattle, WA: The National Bureau of Asian Research, 2019), pp. 3-4；韓碩熙，〈2019 年美中關係評估〉，《韓國國立外交院外交安全研究所中國研究中心中國局勢報告》，第 2 期（2020 年），頁 186。

[3] Alan Dupont, "New Cold War: De-Risking U.S-China Conflict," *Hinrich Foundation Report*, June 24, 2020, https://www.hinrichfoundation.com/research/wp/us-china/new-cold-war/; David Shambaugh, "As the U.S. and China Wage a New Cold War, They Should Learn From the Last One," *The Wall Street Journal*, July 31, 2020, https://www.wsj.com/articles/as-the-u-s-and-china-wage-a-new-cold-war- they-should-learn-from-the-last-one-11596223; Rick Gladston, "How the Cold War Between China and U.S. Is Intensifying," *The New York Times*, July 22, 2020, https://www.nytimes.com/2020/07/22/world/asia/us-china-cold-war.html.

應對現在的中國」。[4]

　　筆者也同意文安立的觀點，中美之間的戰略競爭關係尚未進入以全方位對抗和全面脫鉤為特徵的新冷戰局面。如果中美關係未來進展方向尚未完全確定，那麼拜登政府時期就是決定未來幾十年中美關係發展方向的關鍵時刻。正因為如此，全世界都非常關注 2020 年 11 月進行的美國總統選舉。雖經歷了很多曲折，但拜登最終當選了第 46 任美國總統。

　　拜登正式就任之前，早已內定了拜登政府的首任主要外交安全職位。[5]而且，進行總統選舉過程中，拜登本人和他的主要外交安全顧問所發表的言論可以使我們能夠預測拜登政府的對華政策。因此，本文首先基於拜登和他的外交顧問團隊所發表的文章和演講、美國民眾的對華認識及其對美國議會的影響、川普政府時期留下的法案和政策以及官僚機構的慣性等因素，對拜登政府的對華政策進行預測。本文第二部分將初探中國對於美國對華全面施壓的應對方向。本文第三部分將會探討拜登政府對華政策的調整對韓國的影響。

---

[4]　Odd Arne Westad, "The Sources of Chinese Conduct: Are Washington and Beijing Fighting at New Cold War?" *Foreign Affairs*, Vol. 98, No. 5 (2019), pp. 86-95.

[5]　Lara Jakes, "Michael Crowley and David E. Sanger. Biden Chooses Antony Blinken, Defender of Global Alliances, as Secretary of State," *The New York Times*, November 22, 2020, https://www.nytimes.com/2020/11/22/us/politics/biden-antony-blinken-secretary-of-state.html.

貳、展望拜登政府對華政策基本方向

如今，全世界的媒體和學者都在就拜登政府的國內外政策方向進行研究和預測。其中，有的國外媒體預測，拜登政府很可能是「歐巴馬第三任期」。[6]然而，拜登對此反駁稱，「拜登政府不會成為歐巴馬第三任期」，這是因為現在美國面臨的世界與歐巴馬時期的世界截然不同。[7]他的這番話暗示著，拜登政府的對華政策也會與歐巴馬時期有相當大的差異。那麼拜登政府的對華政策基本方向為何呢？正如延森（Lloyd Jensen）所提出的，影響外交決策的因素除了國際因素外，還有最高決策者個人的認識、意識形態和歷史傳統、官僚組織、政黨、媒體、情報機構、利益集團、社會輿論等各種國內因素。外交政策是諸因素互相影響的產物。[8]因此，為了判斷拜登政府對華政策的基本方向，本文接下來從拜登與他周圍外交團隊的對華認識、美國

6　Seema Sirohi, "Joe Biden's national security team looks like 'Obama 3.0'," *The Economic Times*, November 24, 2020, https://economictimes.indiatimes.com/news/international/world-news/now-for-the-blinken-sullivan-opera/articleshow/79394660.cms; "EDITORIAL: Joe Biden is just an Obama repeat," *Washington Times*, November 24, 2020, https://www.washingtontimes.com/news/2020/nov/24/editorial-joe-biden-is-just-an-obama-repeat/；〈拜登當選時拜登政府會像奧巴馬第三任期，韓國統一部長對此強調我國政府的應對很重要〉，《亞洲經濟》，2020 年 10 月 23 日，https://www.ajunews.com/view/20201023173342223。

7　Maanvi Singh, "Joe Biden says 'this is not a third Obama term' in first sit-down interview," *The Guardian*, November 25, 2020, https://www.theguardian.com/us-news/2020/nov/24/joe-biden-nbc-interview-presidency.

8　關於影響外交決策的各種因素，請參見：延森（Lloyd Jensen）著，金基正譯，《外交政策的理解（Explaining Foreign Policy）》（首爾：平民社，1994年），頁 28-237。

民眾的對華輿論及其對美國議會的影響、川普時期留下的影響等三個方面進行探討。

一、拜登和主要外交顧問的對華消極認識

首先看拜登本人的對華認識。2020 年 3 月拜登在《外交事務》刊登題爲〈爲何美國必須再次領導〉的文章，文中共 13 次提到了中國，而他提及中國的部分基本上都表現出對中國的消極認識。比如，「爲了在未來與中國的競爭中獲勝」、「誰來制定貿易管制的規定？不是中國，而是美國」、「美國需要對華採取更加強硬的手段」、「如中國我行我素，中國就會繼續盜竊美國和美國公司的技術和智慧財產權」等。[9]該文章充分表明了拜登對華的基本看法和消極立場。

其次，是拜登政府主要外交安全陣容的對華認識和立場。布林肯（Antony Blinken）被內定爲拜登政府首任國務卿之後，有的學者提出，拜登時期會爲中國重新打開機會的視窗。[10]然而，2020 年 5 月 27 日布林肯發表聲明稱，「如果拜登成爲總統，美國將會以中國對香港實施新的《國家安全法》爲由制裁中國。美國要全面對抗中國在香港的鎮壓，拜登政府會全面實行《香港人權與民主法》（*Hong*

---

[9]　Joseph R. Biden, "Why America Must Lead Again: Rescuing U.S. Foreign Policy After Trump," *Foreign Affairs*, Vol. 99, No. 2 (2020).

[10]　Catherine Wong, "Joe Biden presidency could reopen a window of opportunity for China: analysts," *South China Morning Post*, November 29, 2020, https://www.scmp.com/news/china/diplomacy/article/3111830/joe-biden-presidency-could-reopen-window-opportunity-china.

Kong Human Rights and Democracy Act）」。[11]

　　拜登政府的另一位重要外交安全政要是擔任總統國家安全顧問的蘇利文（Jake Sullivan）。拜登提名他之後，美國媒體以 2017 年蘇利文進行的演講內容為根據，提出了拜登政府改變川普時期奉行的對華強硬政策的可能性。根據美國《福斯新聞》（*Fox News*）報導，2017年他提出過「我對美中關係的改善持樂觀的態度，遵守遊戲規則的中國對於美國的利益至關重要。繁榮的中國對全球經濟有好處」等對華友好的想法。[12]不過，筆者查看了蘇利文 2017 年演講的主要內容後發現，那時他還強調了「美國需要以公開、公證、基於規則、符合地區秩序的方式鼓勵中國的發展」。[13]由此可見，他的 2017 年講座內容也與美國的主流立場基本吻合，難以將它看成對華的友好意見。

二、美國民眾對華消極認識的增加將會影響美國議會

　　近幾年美國民眾對華認識的持續惡化也給中美關係帶來消極影響。正如圖 6.1 和圖 6.2 所示，根據 2020 年 7 月 30 日皮尤研究中心（Pew Research Center）公布的最新輿論調查結果，以 2020 年調查結

---

[11] "Top campaign advisor says Biden would sanction China over Hong Kong," *CNBC*, May 27, 2020, https://www.cnbc.com/2020/05/28/top-campaign-advisor-says-biden-would- sanction-china-over-hong-kong.html.

[12] Brittany De Lea, "US should encourage China's rise, Biden national security pick Jake Sullivan says," *Fox News*, November 23, 2020, https://www.foxnews.com/politics/biden-national-security-pick-jake-sullivan-us-chinas.

[13] Tom Nagorski, "Jake Sullivan on Asia: Hillary Clinton's top foreign policy official discusses the continent's challenges," *Asia Society*, 2017, https://asiasociety.org/jake-sullivan-asia.

Unfavorable views of China reach new highs in U.S.
% who say they have a(n) __ opinion of China
100%

Note: Don't know responses not shown.
Source: Survey of U.S. adults conducted June 16-July 14, 2020. Q8b.
"Americans Fault China for its Role in the Spread of COVID-19"
PEW RESEARCH CENTER

圖 6.1　美國人的對華認識

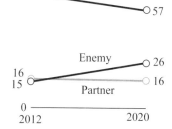

Few Americans see China
as a partner

% who think of China as a(n)...
100%

圖 6.2　美國如何看待中國

果爲準，73% 的美國人對華持有消極認識，只有 22% 的美國人對中國有好感。與 2005 年的調查結果相比，對華持有消極認識的美國人比率翻了一倍。而且更嚴重的是，從 2012 年到 2020 年的變化推移來看，愈來愈多的美國人將中國視爲美國的敵人（enemy）或者競爭者（competitor），將中國視爲夥伴（partner）的美國人只占 16%。[14]

對中美關係影響更加直接的是，在這種輿論環境下，美國議會近幾年先後制定了加劇中美關係惡化的許多法案和決議。比如，所謂

---

[14] "Americans Fault China for Its Role in the Spread of COVID-19," *Pew Research Center*, July 30, 2020, https://www.pewresearch.org/global/2020/07/30/americans-fault-china-for-its-role-in-the-spread-of-covid-19/.

《臺灣旅行法》、《臺北法案》、《香港人權與民主法》等。根據格林（Michael Green）的分析，美國議會的兩黨議員提出了總共 360 份與中國有關的法案，其中包括關於在印太地區提高美國遏制力量以及中國國內人權有關的幾十個法案。他總結稱，美國社會對中國的普遍消極認識推動了美國議會內部各政治派系之間的融合，這也導致「現在議會內部已形成了把中國造成的威脅視爲共同目標的情緒」。[15]除此之外，美國主流媒體的對華認識也持續惡化。美國社會輿論、議會與媒體的種種現狀都會對拜登政府的對華政策制定與執行過程起到制約作用。

三、川普政府的遺產：既定政策、法案、組織機構和預算

眾所周知，川普政府在各領域都出臺了對華強硬政策。問題在於，拜登當選後已明確表示了暫時維持，或者甚至選擇性地接受川普政府的一些對華強硬手段和政策的想法。其最鮮明的例子是拜登關於川普政府對華關稅政策的態度變化。其實，拜登本來一直攻擊川普政府著力推進的對華加徵關稅政策。舉個例子，2020 年 8 月 5 日拜登在接受美國全國公共廣播電臺（NPR）採訪時表示，「如果我當選，將取消川普政府對中國進口商品加徵的關稅，因爲這等同於對美

---

15 Michael Green and Louis Lauter, "Congress will have return to bipartisan policy with China," *The Hill*, October 22, 2020, https://thehill.com/opinion/international/522277-congress-will-have-return-to-bipartisan-policy-with-china.

國公司和消費者徵稅。」[16]然而，12 月初他則明確表示，「我不會立即取消川普政府對中國徵收的關稅。我不想限制我的選擇權。」[17]很顯然，拜登試圖利用川普政府的關稅政策來繼續給中國施加壓力，並希望在未來的中美談判中占上風。12 月 9 日拜登將戴琪（Katherine Tai）任命爲新的美國貿易代表。這一選擇也被媒體解讀爲一個拜登政府將在貿易領域繼續向中國施加壓力的信號。[18]

除了對華貿易政策之外，川普政府在技術領域給中國企業設定的各種限制措施也很可能會持續下去。比如，美國針對華爲的各種措施、[19]美國國防部以國家安全爲由對中國企業設置的限制、《臺灣旅行法》、《臺北法案》、《香港人權與民主法》等。考量現在美國議會的對華消極認識，已經制定的法案很難重新修改。而要修改川普政府以總統行政命令方式或者各政府部門所發布的公告，則需要拜登的決心和命令。不過，綜合考慮美國國內的政治局勢，拜登很可能不會

---

[16] 〈拜登：若我當選，將取消川普的對華關稅〉，《觀察者網》，2020 年 8 月 7 日，https://baijiahao.baidu.com/s?id = 1674336583006818834&wfr = spider&for = pc。

[17] Yen Nee Lee, "Spencer Kimball. Biden says he won't immediately remove Trump's tariffs on China," *CNBC*, December 2, 2020, https://www.cnbc.com/2020/12/02/biden-tells-nyt-columnist-he-wont-immediately-remove-trumps-tariffs-on-china.html.

[18] Ana Swanson, "Biden Picks Katherine Tai as Trade Representative," *The New York Times*, December 9, 2020, https://www.nytimes.com/2020/12/09/business/economy/katherine-tai-us-trade-representative.html.

[19] Scott Brown, "The Huawei ban explained: A complete timeline and everything you need to know," *Android Authority*, November 25, 2020, https://www.androidauthority.com/huawei-google-android-ban-988382/.

輕易修改這些措施。這是因為這次美國總統選舉再次證明，將近一半的美國選民是川普主義（Trumpism）的擁躉，儘管拜登已順利掌權。

　　本文關注的另一個因素是美國政府官僚組織的慣性。川普政府對華強硬政策已經持續了三年。我們可以預測，基於美國社會的對華消極認識，並且在川普總統及幾位高級官員的強力要求下，美國政府各部門內已經形成了對華強硬態勢。舉個例子，2020 年 7 月 7 日美國聯邦調查局長雷伊（Christopher Wray）聲稱，「美國聯邦調查局正在進行 5,000 多項調查案件，其中一半的案件與中國有關。」[20]美國政權的更迭不會使美國聯邦調查局停止進行這些關於中國的案件。最近美國媒體還曝光了美國聯邦調查局的部分調查結果，[21]這不僅對美國社會輿論造成一定的負面影響，而且還暗示著，美國聯邦調查局以後還會持續調查類似案件。況且，據報導，如果川普不解雇雷局長，拜登將讓他繼續擔任該職。[22]

---

[20] Christopher Wray, "The Threat Posed by the Chinese Government and the Chinese Communist Party to the Economic and National Security of the United States," *U.S. Federal Bureau of Investigation*, July 7, 2020, https://www.fbi.gov/news/speeches/the-threat-posed-by-the-chinese-government-and-the-chinese-communist-party-to-the-economic-and-national-security-of-the-united-states.

[21] Bethany Allen-Ebrahimian, "Exclusive: Suspected Chinese spy targeted California politicians," *AXIOS*, December 8, 2020, https://www.axios.com/china-spy-california-politicians-9d2dfb99-f839-4e00-8bd8-59dec0daf589.html.

[22] Joe Wlash, "Report: Biden Will Keep Chris Wray As FBI Director-If Trump Doesn't Fire Him First," *Forbes*, December 2, 2020, https://www.forbes.com/sites/joewalsh/2020/12/02/report-biden-will-keep-chris-wray-as-fbi-director-if-trump-doesnt-fire-him-first/.

　　總而言之，拜登政府最高決策者的對華認識、美國社會普遍的對華輿論、美國議會內兩黨一致的對中國的共識，這些決定外交政策的國內主要因素與川普政府遺留的負面遺產結合在一起，很有可能使得拜登政府基本上持續推行對華強硬政策，儘管拜登政府的政策關注點與川普時期有所不同。那麼，本文接下來將討論中國對美國對華強硬政策的應對方向。

參、中國對拜登政府對華政策的應對方向初探

　　首先，中國基於美國霸權逐步衰落的判斷制定和執行對美政策。2009 年中國現代國際關係研究院學者張文宗認為，「未來 20 年，美國主導的單極體系將難以維繫，新興大國崛起標誌著多極世界的到來。美國衰落不可避免，其經濟實力因過去 30 多年不斷積累的結構性弱點下滑，逐漸顯現的財政危機和美元作為世界儲備貨幣的前景受到質疑。」[23]而西方學界也持續關注美國霸權的相對衰落問題。[24]美國霸權相對衰落論的主要根源是中美之間權力分配結構的根本性變化，尤其是中國經濟勢力的快速成長。中美貿易戰開始的 2018 年，HSBC 仍然預測這一趨勢會持續下去，2030 年中國將會超越美國成

---

[23] 張文宗，〈美國霸權的衰落：迷思還是現實？〉，《世界知識》，第 19 期（2009 年），頁 6。

[24] Justin Massie and Jonathan Paquin eds., *America's Allies and the Decline of US Hegemony* (London: Routledge, 2019); Alexander Cooley and Daniel H. Nexon, "How Hegemony Ends: The Unraveling of American Power," *Foreign Affairs*, Vol. 99, No. 4 (2020).

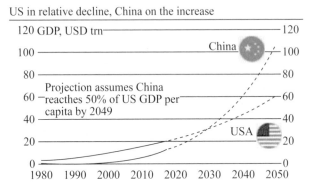

圖 6.3　中美國內生產總值的變化趨勢預測

資料來源：IMF, Danske Bank.

為世界第一大經濟體。[25]

　　基於這種客觀情況，復旦大學國際問題研究院院長吳心伯總結現在的中美關係稱，「中國在戰略上處於攻勢，戰術上處於守勢。美國在戰略上處於守勢，在戰術上處於攻勢。」[26]換句話說，美國為了逆轉長期形成的中美權力轉移趨勢而全方位向中國施加壓力，而中國則為了維持改革開放以來的良好發展趨勢而採取戰術上的守勢態勢。而這也基本符合中國改革開放以來一直奉行外交方針，即為了經濟發展和國家現代化要營造和平穩定的外部環境。[27]

[25] Tim Pemberton, "The world in 2030," *HSBC Now*, October 2, 2018, https://www.mobilenews.hsbc.com/blog/the-world-in-2030/.

[26] 吳心伯，〈美國霸權衰落，中美關係轉型進入關鍵期〉，《第七屆全球投資並購峰會》，2020 年 5 月 28 日，http://www.d-long.cn/showart.asp?art_id=993662。

[27] 「十四五」時期，中國還會持續追求這一基本方針，以實現新時期經濟社會

　　正因如此，面對美國的對華攻勢，中國一直表達出不願意與美國衝突或對抗的意願。例如，2020 年 5 月 24 日中國外交部部長王毅表示，「中國無意改變美國，更不想取代美國，而美國也不可能一廂情願地改變中國，更不可能阻擋 14 億中國人民邁向現代化的歷史進程。」[28]2020 年 7 月 9 日他重申，「中國從來無意挑戰或取代美國，無意與美國全面對抗。我們最關心的是提高本國人民的福祉，最重視的是實現中華民族的復興，最期待的是世界的和平穩定。中國對美政策保持著高度穩定性和連續性，願與美不衝突不對抗、相互尊重、合作共贏，構建以協調、合作、穩定爲基調的中美關係。」[29]

　　儘管中國向美國不斷發出不願衝突或對抗的意願，但川普政府並沒有調整對華強硬政策。不僅如此，正如上所述，我們可以預測拜登政府也很可能會維持對華強硬政策。在此情況下，中國調整國家發展戰略就提出了「雙迴圈」（Dual Circulation）新發展格局。其實，由國內大循環和國際大循環組成的雙迴圈概念在 1987 年鄧小平時期就已出現。不過，彼時將雙迴圈的重點放在國際大循環上。改革開放以

　　發展的戰略目標。對此，請參考：楊潔篪，〈積極營造良好外部環境〉，《中國共產黨新聞網》，2020 年 10 月 30 日，http://cpc.people.com.cn/n1/2020/1130/c64094-31948641.html。

[28]　〈中國無意改變美國，更不想取代美國！王毅外長的這些話，擲地有聲〉，《北京新聞》，2020 年 5 月 24 日，https://baijiahao.baidu.com/s?id=1667572462998322760&wfr=spider&for=pc。

[29]　〈實現中美不衝突不對抗、相互尊重、合作共贏、需要雙方相向而行〉，《中國新聞網》，2020 年 7 月 9 日，https://www.chinanews.com/gn/2020/07-09/9233393.shtml。

來，中國一直重點貫徹以貿易、引進海外投資、開拓海外市場等國際大循環的方式來快速實現經濟發展的路線。與此相比，2020 年提出的雙迴圈是將重點轉移到國內大循環上，[30]儘管「保持和推進開放也是雙迴圈的關鍵」。[31]

2020 年 5 月 14 日，習近平召開中國共產黨中央政治局常務委員會時指出，「要深化供給側結構性改革，充分發揮我國超大規模市場優勢和內需潛力，構建國內國際雙迴圈相互促進的新發展格局。」[32]原中國國家發展和改革委員會發展規劃司司長徐林對中國提出「雙迴圈」的背景進行詳細分析稱，「外部環境變化使中央做出重大判斷──外部環境的惡化可能不是短期的，必須為此做好長期應對準備。環境變化的主要原因有中美戰略博弈加劇的擴散效應、新冠肺炎疫情全球蔓延後的『責任甩鍋』效應等。」[33]2020 年 10 月底召開的中國共產黨第 19 屆五中全會通過了《中共中央關於制定國民經濟和社會發展第十四個五年規劃和二〇三五年遠景目標的建議》。該建議

---

30 李厚權，〈CSIS 論壇：中國的雙迴圈戰略〉，《韓國貿易協會華盛頓支部華盛頓通商資訊》，第 593 號（2020 年 9 月 1 日）。

31 黃益平，〈以持續的開放政策支持形成雙迴圈格局〉，《北京大學國家發展研究院》，2020 年 12 月 2 日，https://www.nsd.pku.edu.cn/sylm/gd/510028.htm。

32 〈中共中央政治局常務委員會 5 月 14 日召開會議〉，《央視新聞》，2020 年 5 月 14 日，https://www.fx168.com/fx168_t/2005/3845290.shtml。

33 徐林，〈「雙迴圈」的核心是提高供給側創新能力和競爭力〉，《中國新聞網》，2020 年 9 月 20 日，https://baijiahao.baidu.com/s?id=1678314799710724174&wfr=spider&for=pc。

提出，「要加快構建以國內大循環為主體、國內國際雙迴圈相互促進的新發展格局。」[34]這就意味著中國的長期發展戰略確定下來。

　　中國提出的另一個重點發展方向是提高獨立自主的高科技能力，而中國將著力推行的「新基建」政策與此密切相關。[35]中國「新基建」政策的出臺大體上有三個方面的目標，第一，在對外層面應對美國的對華技術封鎖；第二，在國內經濟層面短期內快速癒合疫情對中國經濟造成的傷痕；第三，長期來看為未來的產業發展和技術競爭格局而打下良好的基礎。這三個目標都是為應對美國對中國強硬政策而需要的準備。另外，在原則性的問題或部分需要的領域，中國也積極回應美國的對華強硬政策。最具有代表性的例子是，美國決定關閉中國駐休士頓總領館之後，中國也立即對等關閉美國駐成都總領館。再比如，2020 年 8 月 7 日美國國務院和財政部「以所謂破壞香港自治為由，宣布制裁林鄭月娥、駱惠寧、夏寶龍等 11 名中國中央政府部門和香港特區官員」。對此，中國對等反制。8 月 10 日，外交部發言人趙立堅發布消息，「中方決定從即日起，對在涉港問題上表現惡劣的 11 名美方人士實施制裁。」[36]

34　劉鶴，〈加快構建以國內大循環為主體、國內國際雙迴圈相互促進的新發展格局〉，《人民日報》，2020 年 11 月 25 日，http://paper.people.com.cn/rmrb/html/2020-11/25/nw.D110000renmrb_20201125_1-06.htm。

35　〈國家首次官宣新基建範圍：3 大方面 7 大領域全曝光〉，《21 世紀經濟報導》，2020 年 4 月 20 日，https://baijiahao.baidu.com/s?id=166448404720381983 0&wfr=spider&for=pc。

36　〈重磅反制！中方宣布制裁的 11 名美方人士都是誰？〉，《中華網》，2020 年 8 月 11 日，https://news.china.com/domestic/945/20200811/38624597_all.

總之，爲了維持現在的發展趨勢，達到 2035 年和 2049 年的長期目標，中國一再向美國發出合作共贏的意願。不過，美國很可能不會大幅調整對華強硬政策。因此，中國一方面調整了長期發展戰略而確定了「雙迴圈」新發展格局，另一方面爲提高獨立自主的高科技能力而著力推行「新基建」政策。筆者認爲，這都是中國應對中美戰略競爭局面長期化的基本方向。

肆、拜登政府對華政策調整對韓國的影響

美國的戰略方針和政策趨向不僅直接影響中美關係，而且也會對整個東北亞局勢和地區秩序產生深遠的影響。國內外學界和媒體都普遍預測拜登時期美國外交的特點，即強調基於民主主義價值觀的自由主義國際秩序、加強同盟關係、重建美國在多邊外交平臺和國際機構的領導地位、強調規則和秩序、重視人權、意識形態和價值觀等。[37]關鍵問題在於，這些拜登政府的關注點也許都會成爲中美之間的新對立面。不僅如此，這也會給韓中關係帶來另一個衝擊。

首先，強調基於民主主義意識形態的自由主義國際秩序。拜登進

---

html。

[37] Kurt Campbell and Jake Sullivan, "Competition without Catastrophe: How America Can Both Challenge and Coexist with China," *Foreign Affairs*, Vol. 98, No. 5 (2019); "Biden and the World: Global Perspectives on the U.S. Presidential Election," *Council on Foreign Relations*, November 11, 2020, https://www.cfr. org/councilofcouncils/global-memos/biden-and-world-global-perspectives-us-presidential-election-0.

行總統選舉過程中明確提出，「就任後，我會組織並主持全球民主峰
會，以弘揚自由世界國家的精神並決定共用目標。」[38]美國智庫和媒
體已經開始表示對此計畫的贊成或反對。[39]但無論如何，如果拜登政
府真的召開「全球民主峰會」，那韓國肯定會收到邀請函。而且，韓
國人對自己民主制度的認同感較高，文在寅政府也以民主政府自居，
因而沒有名分或理由謝絕該邀請。問題是拜登政府試圖穩固基於民主
主義意識形態的自由主義國際秩序的主要目的，就是美國號召全世界
民主國家共同應對中國的崛起。因此，韓國將會像許多其他國家一樣
處於被動的局面。

　　第二，加強同盟關係。回顧川普時期的韓美關係時，我們就可以
發現，其實在美國給中國施加壓力的方面，川普政府對韓國的要求
並不那麼大。雖然韓美之間一直存在著駐韓美軍防禦費分擔問題的談
判、戰時作戰權回收談判等敏感而難以達成共識的問題，但由於川普
總統本人不太重視同盟體系，對美國與盟友共同應對中國的問題也不

---

[38] "The Power of America's Example: The Biden Plan for Leading the Democratic World to Meet the Challenges of the 21st Century," *Battle for the Soul of the Nation*, July 11, 2019, https://joebiden.com/americanleadership/.

[39] 關於如何召開「全球民主峰會」的具體方案相關建議，請參考：Michael Fuchs, "How To Bring the World's Democracies Together," *Center for American Progress*, December 1, 2020, https://www.americanprogress.org/issues/security/reports/2020/12/01/493268/bring-worlds-democracies-together/；對此，Shada Islam 則主張，美國已經缺乏力量領導世界，美國主導的單極秩序一去不回。再說，如何區分民主國家也是爭論紛紛的難題。因而，拜登通過召開「全球民主峰會」獲得的效果可能不會實現。請參考：Shada Islam, "Biden's 'summit of democracies' won't work," *Politico*, December 8, 2020, https://www.politico.eu/article/bidens-summit-of-democracies-wont-work/。

感興趣。因此，川普政府時期美國在此問題上對韓國的壓力也比較小。

與此相反，加強同盟體系是拜登外交政策中最核心的政策趨向。拜登政府肯定會推進加強亞太地區同盟關係的政策。[40]這很可能給韓中關係帶來很大的考驗。這是因為拜登強調加強同盟體系時已經向北約（NATO）成員國提出了「作為民主同盟成員的責任」問題。[41]這暗示著，拜登政府也會向韓國提出同樣的要求。韓國認為，現在韓美同盟的基礎是朝鮮的威脅存在。而最近美國愈來愈將中國視為競爭對手，甚至敵人。[42]因此，我們可以預測，拜登時期美國試圖將韓美同盟的範圍擴展到防範中國，而文在寅政府不願接受這種調整。因此，筆者預測，拜登時期韓國會面臨比川普時期更加尷尬的局面。

第三，重建美國在多邊外交平臺和國際機構的領導地位。有一種悖論是，川普時期中國雖然倍受美國的全方位壓力，但在國際機構和多邊外交領域卻獲得了較大的發展空間。然而，拜登一再強調，

---

[40] Robert A. Manning, "A Biden presidency's impact on the Asia Pacific," *East Asia Forum*, November 8, 2020, https://www.eastasiaforum.org/2020/11/08/a-biden-presidencys-impact-on-the-asia-pacific/.

[41] "The Power of America's Example: The Biden Plan for Leading the Democratic World to Meet the Challenges of the 21st Century," *Battle for the Soul of the Nation*, July 11, 2019, https://joebiden.com/americanleadership/.

[42] "Americans Fault China for Its Role in the Spread of COVID-19," *Pew Research Center*, July 30, 2020, https://www.pewresearch.org/global/2020/07/30/americans-fault-china-for-its-role-in-the-spread-of-covid-19/.

「美國回來了」、「美國會重新領導世界」。[43]因而，他的執政時期美國將有可能著力重建美國主導的多邊外交機制和加強在國際機構裡的領導地位。川普時期已經出現了以遏制中國爲實際目的的各種多邊機制和政策構想，諸如四方安全對話（QUAD）、經濟繁榮網路（Economic Prosperity Network）與潔淨網路（Clean Network）等。如果拜登政府繼承川普留下的這些遺產，強力勸說韓國參加，那文在寅政府也會騎虎難下。

　　第四，強調人權、價值觀和意識形態。2019 年以來，除了美國和歐盟之外，[44]亞太地區的日本和澳大利亞也對中國香港發生的事態表示了擔憂。[45]雖然韓國的一些非政府組織對此表態，並主張稱「韓

---

[43] Julian Borger, "Biden says 'America is back' at the head of the table-but is that a good thing?" *The Guardian*, November 26, 2020, https://www.theguardian.com/us-news/2020/nov/26/biden-america-is-back-foreign-policy-diplomacy; Joseph R. Biden, "Why America Must Lead Again: Rescuing U.S. Foreign Policy After Trump," *Foreign Affairs*, Vol. 99, No. 2 (2020).

[44] Michael R. Pompeo, "The United States Expresses Concern Over Hong Kong Democracy Activists Held in Guangdong Province," *U.S. Department of State*, September 11, 2020, https://www.state.gov/the-united-states-expresses-concern-over-hong-kong-democracy-activists-held-in-guangdong-province/; "Hong Kong: Council expresses grave concern over national security law," *Council of the EU*, July 28, 2020, https://www.consilium.europa.eu/en/press/press-releases/2020/07/28/hong-kong-council-expresses-grave-concern-over-national-security-law/.

[45] "Japan's Suga voices concerns over Senkakus to Chinese minister," *Kyodo News*, November 25, 2020, https://english.kyodonews.net/news/2020/11/9753c746dc4f-japan-reiterates-concerns-over-senkakus-to-chinas-foreign-minister.html; Max Walden, "Australia joins UK, Japan in expressing concern over China's treatment of Uyghurs, Hong Kong," *ABC News*, July 1, 2020, https://www.abc.net.au/news/2020-07-01/australia-statement-condemn-china-over-hong-kong-uyghur-abuses/12409268.

國也要對香港問題表態」，但是文在寅政府堅定不移地沒有提到中國的內政問題。文在寅政府能堅持這種立場，主要是因爲它願意與中國維持並發展良好的雙邊關係。不過，拜登上臺之後很可能會強調人權和價值觀等問題。這也會使得文在寅政府面臨另一個難題。

　　總之，拜登政府的對華政策調整將會給韓國帶來深遠的影響，儘管拜登政府對華政策的力度和手段尚未確定。文在寅政府將會面臨更加複雜的外部環境，即中美戰略競爭基本格局不變的情況下，還要適應拜登政府的外交政策重點。這一適應過程也會給韓中關係帶來較大的不確定性。

PART 3

中國周邊外交熱點

|第七章|
釣魚台群島爭端：中國海警之改革與發展趨勢*

佐藤考一**

* 作者在此感謝日本海上保安廳提供的照片和資料。

** 日本早稻田大學博士。現任櫻美林大學亞洲地域研究教授。曾任海上自衛隊幹部學校、防衛研究所講師。研究領域爲東亞安全研究、南海問題。

壹、引言

近來，中國在釣魚台列嶼海域的海事攻勢愈演愈烈。2010 年 9 月，中國福建拖網漁船撞上了日本海上保安廳（簡稱海保廳，Japan Coast Guard, JCG）的巡邏船。[1]2012 年 9 月，在日本政府決定把釣魚台列嶼國有化以後，中國執法單位之巡邏船便開始在釣魚台列嶼周邊海域進行所謂的巡邏。[2]2013 年，中國政府將四個海上執法單位整合爲中國人民武裝警察部隊海警總隊（簡稱中國海警局，China Coast Guard, CCG），並在 2016 年 8 月日本首相安倍晉三表示支持菲律賓對中國所提出的南海主張仲裁裁決後，海警局船艦及中國漁船開始陸續進入釣魚台列嶼海域。[3]中國海警局船艦在釣魚台附近海域的停留時間也變長了。其船艦在 2012 年於釣魚台列嶼鄰接區停留了 91 天，在 2019 年則停留了 282 天。[4]中國海警局派出更多、更大的船艦，並開始在釣魚台列嶼海域干擾日本漁船。而中國侵入日本領海已有一段時間，儼然成爲一項嚴重的問題。本文對近期中國海警局巡邏船與中國漁船在釣魚台列嶼海域的行爲趨勢，以及中國海警局的改革過程爲探討分析。

---

[1] 海上保安庁編，《海上保安レポート2011》，頁 21。

[2] 海上保安庁編，《海上保安レポート2013》，頁 18-22。

[3] "Mr. Perfecto Rivas Yasay, Jr, the Philippines' Foreign Secretary's courtesy visit to Prime Minister Shinzo Abe," July 15, 2016, http://www.mofa.go.jp/mofaj/s_sa/sea2/ph/page4_002178.html (accessed March 29, 2017)；海上保安庁編，《海上保安レポート2017》，頁 17。

[4] 海上保安庁編，《海上保安レポート2020》，頁 24。

貳、中國海警局近期發展趨勢

　　2013 年進行整合前，中國共有五個部級相關海洋執法機構，分別是國土資源部（MOLR）轄下的國家海洋局（SOA）及其中國海監總隊（CMS）；農業部（MOA）中國漁政局（BOF）及漁政指揮中心（FLEC）；公安部（MPS）所屬的邊防管理局（BCD）中國海警局及其轄下邊防海警總隊、海關總署緝私局；交通運輸部（MOT）海上搜救中心（MSA）及救助打撈局（MR）。[5]中國海監總隊成立於 1964 年，當時深受解放軍海軍的影響，後來於 1983 年受國家海洋局重新組建並管轄。[6]這也是中國海監總隊隊員有機會接受解放軍海軍航海訓練的原因。[7]漁政指揮中心成立於 1983 年，其中有部分成員原爲海上民兵。[8]據瞭解，中國海監總隊和漁政指揮中心雖然歷史不同，但都與解放軍有一定關係。據傳，中國海監總隊和漁政指揮中心之成員素質差距很大，至今雙方關係並不好。[9]

　　中國政府派遣中國海監總隊及漁政指揮中心的船隻到釣魚台列

---

[5]　He Zhonglong, "Zhongguo Hai'an Jingweidui Zujian Yanjiu," *Haiyang Chubanshe*, 2007, pp. 36-40.

[6]　陸易，〈中国 SSBN の戰略価値と今後〉，《世界の艦船》，2011 年 12 月號，頁 92-93；中國海監總隊，《中國海監大事記 1983-2009》（北京：海洋出版社，2011 年）。

[7]　中國海監總隊，《中國海監大事記 1983-2009》，頁 2-4、132、184、187。

[8]　陸易，〈中国 SSBN の戰略価値と今後〉，頁 93-94。

[9]　"[2013 Zhongguo Fangwu Nianjian] Haijingju: Bushi Huange Mingzi Name Jiandan," *Nanfang Zhoumo*, February 21, 2014, http://www.infzm.com/content/9823 (accessed April 8, 2018).

嶼海域。據傳，第一起事件發生在 2008 年 12 月 8 日，中國海監總隊屬下的中國海監船 46 編隊及 51 編隊非法進入釣魚台列嶼鄰接區及領海。[10]中國海監總隊船隊指揮官先是表示，進入是出自其個人意願，然而他承認有共產黨政府領導人的祕密指令，讓其海監船船隊在 2019 年 12 月闖入日本領海。[11]雖然 2009 年沒有發生任何事件，但是到了 2010 年至 2012 年 6 月期間，中國海監總隊及漁政指揮中心船隊又開始進入日本釣魚台列嶼鄰接區。[12]6 月 10 日，部分日本議員租用漁船前往釣魚台列嶼海域爲釣魚活動，中國外交部發言人便對其行爲表示譴責。[13]

東京都知事石原慎太郎試圖從私人業主手中購買釣魚台列嶼，並在眾議院提出其計畫。[14]2012 年 8 月 19 日，他還向當時的首相野田佳彥提出了一些開發釣魚台列嶼計畫，比如小型停泊站。[15]野田首相擔心日中對立會升級，於是在 2012 年 9 月 4 日決定購買這些島嶼以平息局勢，但這只是在對立情勢上火上澆油，中國政府決定定期派遣

[10] 中國海監第五支隊，《中國海監第五支隊大事記 1999-2018》（上海：上海科技出版社，2018 年），頁 56；海上保安庁編，《海上保安レポート2009》，頁 61。

[11] Sankei Shimbun, December 30, 2019, p. 5.

[12] "Senkakushoto Shuhenkaiiki Ni Okeru Zhugokukousento No doukou To Wagakuno No Taisho," *Kaijo Hoan* Cho, June 28, 2020, https://www.kaiho.mlit.go.jp/mission/senkaku/senkaku.html (accessed June 28, 2020).

[13] Asahi Shimbun, June 12, 2020, p. 4.

[14] Yomiuri Shimbun, June 12, 2012, p. 4.

[15] Asahi Shimbun, September 1, 2012, p. 4.

漁政指揮中心船艦。[16]此外，除了海上搜救中心之外，中國政府還在 2013 年 3 月和 7 月決定把海上執法機構整合併入中國海警局。

中國海監總隊及漁政指揮中心的船艦都已將船頭標誌和編號重新塗漆，改為新成立隸屬於中國海警局的船艦，例如中國漁政 201 已重新噴漆並改為中國海警 2101，並於 2013 年 7 月 24 日出現在釣魚台列嶼海域（見圖 7.1、圖 7.2）。[17]在釣魚台列嶼領海出現的中國海警局船艦數量逐年增加，從 2013 年 13 艘，2014 年 14 艘，2015 年 19

圖 7.1　中國漁政 201

照片來源：日本海上保安廳，頁 6。

---

[16] Asahi Shimbun, September 5, 2012, p. 1; Asahi Shimbun, September 20, 2012, p. 1.

[17] Author's interview with a Japanese government officer on 25 July 2013, and "Four China Coast Guard vessels appeared in the contiguous zone of Senkaku Islands," *Yomiuri Shimbun*, evening news, July 24, 2013, p. 12.

圖 7.2 中國海警 2101

照片來源：日本海上保安廳。

艘，2016 年 33 艘，2017 年 19 艘，2018 年 20 艘，2019 年 36 艘（見表 7.1）。而到了 2020 年，出現在釣魚台列嶼海域的中國海警局船艦數量，則突然減少到 19 艘。到底發生了什麼事？原因還不清楚，但有可能是中國海警總隊要完成讓所有負責東海的中國海警巡邏艦航行釣魚台列嶼海域的命令。他們在等待習近平主席的命令，等待下一次的進攻。我們知道有些船經過重新塗漆，而有些是新建的。關於重新塗漆的巡邏艦，筆者將其舊名以括號附在後面。

表 7.1 2013 年 7 月至 2020 年中國海警巡邏船在東海的部署情形

2013.7-12：13 艘巡邏艦

中國海警 1115（中國海監 15），1123（中國海監 23），1126（中國海監 26）

中國海警 2101（中國漁政 201），2102（中國漁政 202）

中國海警 2112（中國海監 8002），2113（中國海監 5001），2146（中國海監 46），2151（中國海監 51）

中國海警 2166（中國海監 66）

中國海警 2337（中國海監 137），2350（中國海監 50）

中國海警 2506（中國漁政 206）

2014.1-12：14 艘巡邏艦

中國海警 2101（中國漁政 201），2102（中國漁政 202）

中國海警 2115

中國海警 2112（中國海監 8002），2113（中國海監 5001），2146（中國海監 46），2149（中國海監 49），2151（中國海監 51），2166（中國海監 66）

中國海警 2305

中國海警 2337（中國海監 137），2350（中國海監 50）

中國海警 2401

中國海警 2506

2015.1-12：19 艘巡邏艦

中國海警 2101（中國漁政 201），2102（中國漁政 202），2506（中國漁政 206）

中國海警 2112（中國海監 8002），2113（中國海監 5001），2146（中國海監 46），2149（中國海監 49），2151（中國海監 51），2166（中國海監 66）

中國海警 2115

中國海警 2305，2306，2307，2308

中國海警 2337（中國海監 137），2350（中國海監 50）

中國海警 2401

表 7.1　2013 年 7 月至 2020 年中國海警巡邏船在東海的部署情形
（續）

中國海警 2501

中國海警 31239

2016.1-12：33 艘巡邏艦

中國海警 2101（中國漁政 201），2102（中國漁政 202），2106

中國海警 2115，2146（中國海監 46），2151（中國海監 51），
2166（中國海監 66）

中國海警 2302，2305，2306，2307，2308，2337（中國海監
137）

中國海警 2401

中國海警 2501，2502，2506（中國漁政 206）

中國海警 31239（上海），31241（上海）

中國海警 33102（浙江），33103（浙江），31101（上海），
33115（浙江）

中國海警 35102（福建），35104（福建），35115（福建），
44103（廣東）

中國海監 7008（浙江），中國海監 8003（福建），中國海監
8027（福建）

中國漁政 33001（浙江）

中國漁政 45036（廣西），中國漁政 45005（廣西）

2017.1-12：19 艘巡邏艦

中國海警 2101（中國漁政 201），2102（中國漁政 202），
2106，2113，2115

中國海警 2151（中國海監 51），2166（中國海監 66）

中國海警 2302，2305，2306，2307，2308，2337（中國海監
137）

中國海警 2401

中國海警 2501，2502

中國海警 31239（上海），31240（上海）

中國海警 35115（福建）

表 7.1　2013 年 7 月至 2020 年中國海警巡邏船在東海的部署情形
　　　　（續）

2018.1-12：20 艘巡邏艦
　　中國海警 1305，1306
　　中國海警 2101（中國漁政 201），2102（中國漁政 202），2166
　　（中國海監 66）
　　中國海警 2302，2303，2304，2305，2306，2307，2308，2337
　　（中國海監 137）
　　中國海警 2401
　　中國海警 2501，2502
　　中國海警 31240（上海），31241（上海）
　　中國海警 33115（浙江），35115（福建）

2019.1-12：36 艘巡邏艦
　　中國海警 1102，1103
　　中國海警 1301，1302，1305，1306，1307，1310（中國海監 110）
　　中國海警 1401
　　中國海警 1501
　　中國海警 2101（中國漁政 201）2102（中國漁政 202），2146
　　（中國海監 46）
　　中國海警 2201，2203
　　中國海警 2301，2302，2303，2304，2305，2306，2307，2308，
　　2337（中國海監 137）
　　中國海警 2401
　　中國海警 2501，2502
　　中國海警 6304
　　中國海警 6501
　　中國海警 11603
　　中國海警 31239（上海），31240（上海），31241（上海）
　　中國海警 33103（浙江），33115（浙江），35115（福建）

2020.1-12：19 艘巡邏艦
　　中國海警 1102，1103

表 7.1　2013 年 7 月至 2020 年中國海警巡邏船在東海的部署情形
（續）

中國海警 1301，1302，1303，1304，1305
中國海警 1401
中國海警 2102（中國漁政 202）
中國海警 2201，2202，2203
中國海警 2301，2302
中國海警 2501，2502
中國海警 6302，6304
中國海警 14603

資料來源：中國國家海洋局（SOA）主頁；日本海上保安廳（JCG）公報；日本海上保安廳新聞稿；《海洋新聞》。

中國海警船舶舷號能顯示船艦相關訊息。[18]2013 年，中國海警局共有三個全國分局。四位數船舶編號代表其屬於中國海警局全國性分局，而且他們也經常出現在公海。如果編號第一位數字是 1，則該船屬於北海分局；如果是 2，則該船屬於東海分局；如果是 3，則該船屬於南海分局。船舶編號第二位數字是船舶總噸位。[19]編號第三位和第四位數字則代表登記序號，例如中國海警 2307 屬於東海分公司、總噸位 3,000、登記序號為第 7 個。[20]五位數船舶編號則代表其屬於

18　越智均、四元吾朗，〈中国海上法執行機関の動向について—中国海警局発足後の海警事情を中心として—〉，《海保大研究報告》，第 59 期第 2 号，頁 123-145；中國海監第五支隊，《中國海監第五支隊大事記 1999-2018》。

19　越智均、四元吾朗，〈中国海上法執行機関の動向について〉，頁 127-128；佐藤考一，〈2014 年のパラセル諸島沖での中越衝突事件の分析〉，《境界研究》，2016 年第 6 号，頁 50-51。

20　中國海監第五支隊，《中國海監第五支隊大事記 1999-2018》，頁 13-14。

中國海警局地方分局，筆者將每個地方分局名稱以括號附加標示。[21]
中國海警局在這 7 年裡增加了派往釣魚台列嶼海域的巡邏船數量。
2019 年變成了 36 艘，而且很多派遣船艦都是新造的。據瞭解，中國
海警局在 2019 年將分局數量從 3 個增加至 6 個。我們能從船舶舷號
來猜測。中國海警局在東海加入第 6 支分局，在南海加入第 4、5 支
分局。[22]新分局部分船艦可能是從原先三分局船艦重新塗漆而來。

　　從幾張圖能看出新成立中國海警局的活動及特色。在此介紹三個
案例。首先，是有關中國熱氣球登陸的救援行動。2014 年 1 月 1 日
下午，日本海保廳收到臺灣海巡單位的救援請求。[23]臺灣方面通知，
有架中國熱氣球在魚釣島（Uotsurijima island）沿海失蹤。日本海保
廳巡邏艦接著發現該熱氣球及一名中國冒險家漂流在魚釣島附近。日
本政府官員表示，一名中國冒險家漂流在日本海保廳艦艇及中國海警
艦艇之間，所以日方艦艇一度考慮「讓中國海警艦艇去救他，因為他
是中國公民」，不過中國海警艦艇並沒有啟動救援行動，於是日方船
員在 2014 年 1 月 1 日傍晚將這名中國冒險家救起，並移交給附近一
艘中國海警 2151 號巡邏船。[24]中國海警 2151 號巡邏船原屬於中國海

---

[21] 佐藤考一，〈2014 年のパラセル諸島沖での中越衝突事件の分析〉，頁 50-
51。

[22] 作者訪談日本官員，December 24, 2019 (CCG 6304), "Update: China risks Flare-
up over Malaysian, Vietnamese gas resources," *Asia Maritime Transparency Initiative*,
December 13, 2019, https://amti.csis.org/china-risks-flare-up-over-malaysian-
vietnamese-gas-resources/ (accessed July 24, 2020) (CCG 4203, CCG 5303)。

[23] Asahi Shimbun, January 3, 2014, p. 30.

[24] 作者訪談日本官員，July 12, 2017, Asahi Shimbun, January 3, 2014, p. 30。

監總隊，舊名為中國海監 51。該事件給日本海保廳船員留下奇怪的
印象，日本政府官員告訴筆者：「中國海警局為什麼不救中國公民？
這真令人無法理解。」

其次，中國針對海牙常設仲裁法院（PCA）一項裁決，而進行海
上示威。2016 年 7 月 12 日，海牙常設仲裁法院宣布有關中國及菲律
賓南海爭端的仲裁裁決結果。[25]該裁決認同菲律賓的主張，日本首相

圖 7.3　2016 年 8 月中國海警巡邏艦及中國漁船航行於釣魚台列嶼海域

圖片來源：日本海上保安廳。

---

[25] "PCA Press Release: The South China Sea Arbitration (The Republic of the Philippines v. The People's Republic of China)," *PCA*, July 12, 2016, https://pca-cpa. org/en/news/pca-press-release-the-south-china-sea-arbitration-the-republic-of-the-philippines-v-the-peoples-republic-of-china/ (accessed July 13, 2016).

安倍晉三同樣支持菲律賓的主張。2016 年 8 月 6 日，6 艘中國海警局船艦及 230 艘中國漁船航行至釣魚台列嶼海域。這剛好發生在禁捕期後不久，同時日方認定此次示威是中國對日本支持仲裁裁決的反應。[26]這也是 2016 年大量船隻出現在釣魚台列嶼周圍海域的原因。

　　第三，則是有關中國海警局在釣魚台列嶼海域的活動及騷擾程度之升級。2012 年，中國海監總隊、漁政指揮中心等海上執法單位船艦在釣魚台列嶼鄰接區出現 91 天，而中國海警局船艦於 2019 年在釣魚台列嶼鄰接區出現 282 天，同時每年中國巡邏船艦的規模也愈來愈大。[27]2013 年（7 月至 12 月）中國海警局船艦侵犯釣魚台列嶼日本領海周圍達 19 次，2014 年 32 次，2015 年 35 次，2016 年 35 次，2017 年 29 次，2018 年 19 次，2019 年 31 次，2020 年 29 次。[28]中國海警局於 2018 年進行所謂「領海巡邏」次數所以減少，可能是受到其組織改革的影響。總之，他們派出了 4 艘船侵犯日本領海，除了颱風季節外，平均每個月有 2 次至 3 次活動。日本海保廳派出的巡邏船數量比中國海警局派出的船隻多，主要是為日本漁船所受到之騷擾進行護航行動，所以釣魚台列嶼海域並沒有發生重大事件。[29]

---

[26] 〈尖閣諸島周辺の中国海警船舶等に関する中国側への申入れ〉，《日本外務省》，2016 年 8 月 6 日，https://www.mofa.go.jp/mofaj/press/release/press4_003572.html（瀏覽日期：2016 年 8 月 6 日）。

[27] Kaijo Hoan Cho, *Kaijo Hoan Repoto 2020*, p. 24; "Zhongguo Haijing Diaoyudao Zhuanxiang Xunhang," *Haiyang Zhuangbei Yu Gongwuchuan Zixun De Weibo*, May 8, 2020.

[28] 根據中國國家海洋局、海警局推特與作者訪談資料整理而成。

[29] 根據日本海保廳 2013-2019 年報與作者訪談（June 20, 2018）資料。

　　騷擾程度的升級仍然是個問題。2013 年至 2020 年 12 月，中國
海警船艦至少進入該海域 13 次並追逐日本漁船（詳見表 7.2）。日本
海保廳巡邏船始終在日本漁船旁邊，日本海保廳巡邏船守護著日本漁
船不受中國海警船的騷擾，不過基於安全考慮，日本巡邏船並沒有對
中國海警船與日本漁船之間的距離表示評論，只有在日本報紙報導其
情況。2020 年 5 月 8 日至 10 日的水戶丸號案是近期發生的危險案例
之一。水戶丸號總噸位 9.7 噸，是一艘典型漁船，通常供休閒漁釣使
用。[30]近期由於新冠肺炎（COVID-19）流行，已經沒有休閒漁釣顧
客，所以船長金城一志只好在 2020 年 5 月 8 日獨自一人和兩名船員
爲撈捕作業。[31]

　　這艘船曾用來乘載右翼政黨成員巡遊至釣魚台列嶼周邊海域。[32]
因此，這很可能是使中國海警局反應激動的原因。據傳，中國海警艦
艇曾接近水戶丸號干擾其捕魚作業，有一次與水戶丸號之間的距離更
只有 30 公尺左右。[33]5 月 8 日午夜時分，中國海警巡邏艦再次接近水
戶丸號，當時船員們已經入睡。由於日本海保廳巡邏船一直在觀察，
中國巡邏船便沒有對水戶丸號有任何行動。中國海警船利用數位電子
看板，在日間命令水戶丸號離開「中國領海」；當中國海警船開始尾

---

[30] Yomiuri Shimbun, evening paper, May 9, 2020, p. 11; "Zuihou Maru/Daiichi Zuihou Maru," http://zuihoumaru.com/zuihoumaru/ (accessed July 14, 2020).

[31] Sankei Shimbun, May 25, 2020, p. 1.

[32] 作者訪談日本官員，2020 年 5 月 11 日；該船曾乘載日本右翼櫻花頻道人員與石崎市議員仲間均等人前往相關海域並登島。

[33] Sankei Shimbun, May 25, 2020, p. 1.

表 7.2　日本漁船於釣魚台列嶼領海海域受中國海警局騷擾紀錄
（2013-2020 年）

日期	船名	漁業協同組合	資料來源
2013.2.4	榮丸	指宿市	朝日新聞，2013 年 2 月 28 日，頁 38。
	高洲丸	指宿市	同上。
2013.2.18	Dai 11 真光丸	沖繩	朝日新聞，2013 年 2 月 28 日，頁 38。
2013.5.17	高洲丸	八重山市	產經新聞，2013 年 5 月 17 日，https://www.sankei.com/politics/print/130517/plt1305170025-c.html。
2019.5.26	高洲丸	八重山市	八重山日報，2019 年 5 月 26 日，http://www.yaeyama-nippo.co.jp/archives/7156。
2020.5.8-10	水戶丸	與那國町	產經新聞，2020 年 5 月 25 日，頁 1。
2020.6.21	榮丸	八重山市	八重山日報，2020 年 6 月 23 日，http://www.yaeyamanippo.co.jp/archives/12285。
	江丸	八重山市	同上。
2020.7.2-5	水戶丸	與那國町	讀賣新聞，2020 年 7 月 28 日，頁 3。
2020.8.28	水戶丸	與那國町	產經新聞，2020 年 10 月 3 日，頁 1。
2020.10.11-13	未揭露		海上保安新聞，2020 年 10 月 29 日，頁 2。
2020.10.15	未揭露		日本海上保安廳刊物，2020 年 10 月 15 日。

表7.2　日本漁船於釣魚台列嶼領海海域受中國海警局騷擾紀錄
（2013-2020 年）（續）

日期	船名	漁業協同組合	資料來源
2020.11.6-7	未揭露		日本海上保安廳刊物，2020 年 11 月 6-7 日。
2020.12.23	未揭露		日本海上保安廳刊物，2020 年 12 月 23 日。
2020.12.26	鶴丸	八重山市	八重山日報，2020 年 12 月 27 日。

隨時，日本巡邏船便進入中國海警船與水戶丸號之間。[34]5 月 9 日，中國海警船與水戶丸號之間的距離變成了 1,000 多公尺，中國海警船與水戶丸號在最後的追逐階段轉為漂移情形，所以情勢並不緊張。[35]

　　事實清楚顯示，中國海警巡邏船從來沒有去撞擊船，也沒有為追捕行為。他們從未對水戶丸號射出水砲，也沒有使用擴音器驅逐。追逐時間幅度很長，只是雙方行為看起來都頗具象徵意義。日本漁船船員想在釣魚台列嶼附近海域撈捕，而中國海警船想在中國領海展現其執法意志。這與中國海警船在南海的粗暴行為不同。麻煩的問題便是去定義「釣魚台列嶼正常情形」。而什麼是釣魚台列嶼海域的正常情形？日方和中方的理解各有很大差異。日方認為的正常情形是指日本

34　Yomiuri Shimbun, evening paper, May 9, 2020, p. 11.

35　Okinawa Times, May 10, 2020, https://www.okinawatimes.co.jp/articles/-/569468 (accessed May 20, 2020).

漁民得在不受任何干擾下進行撈捕，中國海警船卻企圖把日本漁船趕出釣魚台列嶼的捕撈區。而中國海警可能認爲的正常情形，則是指釣魚台列嶼附近要呈現沒有日本漁船的安靜海域，他們或許試著將此定義成爲中日共同管理釣魚台列嶼海域的重要步驟。這樣一來，麻煩及緊張情勢將會在今後多次重演。

最後，筆者在此回顧中國漁船的問題。我們能瞭解，東海漁獲量對中國來說非常重要，因爲其占了 2020 年中國海洋魚類總漁獲量的 40.7%（407 萬噸），也是渤海、黃海、東海、南海等四個海域最大的漁獲量。[36]每年中國和臺灣漁船都會出現在釣魚台列嶼附近海域。當中國或臺灣漁船進入日本領海時，日本海保廳巡邏船便會發出警告（詳見表 7.3）。而統計數據顯示，違規次數有限。日本海保廳官員表示，他們不知道中國漁船船員是否具有一定政治意願去侵犯日本領海，不過據說有幾個海上民兵加入了這些捕魚行動。[37]中國漁船 90%

表 7.3　日本海上保安廳船在釣魚台列嶼海域向外國漁船發出警告次數

年	2011	2012	2013	2014	2015	2016	2017	2018	2019
中國漁船	8	39	88	208	70	104	10	76	147
臺灣漁船	32	32	36	20	29	76	96	318	104

資料來源：2020 年及 2015 年日本海保廳年度報告。

---

[36] 《中國漁業統計年鑑 2020》（北京：中國農業出版社，2020 年），頁 40。

[37] 有賴於海上民兵之定義：根據作者在 2017 年 1 月 25 日訪談紀錄，某位中國官員表示這些侵入釣魚台海域之船隻或經地方政府訓練。

以上來自福建省，其他船隻則來自浙江省。[38]海南和廣西的船很少。
據說，福建和浙江地方政府曾向這些漁船發放燃油補貼，但幾年前就
取消了。[39]

參、中國海警局改革過程

　　2013 年 7 月 22 日，新成立的中國海警局正式在國家海洋局大樓
落成新辦公室。不過這看起來相當奇怪，因為外界從國家海洋局主頁
圖片上看，會有一種中國海警局占用國家海洋局部分大樓的印象。中
國政府決定，除了海上搜救中心以外，其他所有海上執法單位整合成
中國海警局，因為這些單位業務很多相互重疊，執法成效不佳（詳見
表 7.4）。據稱，中國海警局要求原中國海監總隊和漁政指揮中心船
員接受公安部之海事警察法，儘管中國海監船員依循國土資源部所屬
國家海洋局海域使用暨管理法及其他法規，而漁政指揮中心船員則依
循農業部漁業實施法及其他法規。[40]

　　他們還是採用自己所熟悉的法規，而公安部所主導的中國海警局
整合情形則呈現停滯不前的現象。由於公安部的中國海警大型船舶數
量有限，新的中國海警船隊大部分是原中國海監和漁政指揮中心的船
員及船舶，公安部的中國海警局無法控制（詳見表 7.5）。前中國政

---

[38] 作者訪談日本海保廳官員，2018 年 6 月 20 日。

[39] Yomiuri Shimbun, September 21, 2012, p. 1; Sankei Shimbun, August 16, 2020, p. 2.

[40] Haiyang Zhifa Ban an Changyong Shouce, Zhongguo Fazhi Chubanshe, 2013, Author's interview with an American scholar on CCG issues on March 12, 2018.

表 7.4　中國海上執法單位負責業務

業務單位	海洋資源	反偷捕	海洋環境	公共安全	反走私	航行安全
中國海監	○	○	○	○		
漁政指揮中心	○	○	○			○
邊防管理局		○		○	○	
海關				○	○	
海上搜救中心			○			○

資料來源：何忠龍，《中國海岸警衛隊組建研究》（北京：海洋出版社，2007 年），頁 36-40；陸易，〈中国 SSBNの戰略価値と今後〉，《世界の艦船》，2011 年 12 月號，頁 90-95；《中國漁業年鑑 2006》（北京：中國農業出版社，2006 年），頁 147。

表 7.5　2011 年中國海上執法單位

單位	人員數	總噸位超過 1,000 噸巡邏艦
公安部中國海警局	10,000	3
國家海洋局中國海監	8,400	21
農業部漁政指揮中心	無資料	10
海關	9,000	0

註：大部分公安部中國海警及海關人員都不是巡邏船船員。看來他們是偵訊人員。

資料來源：陸易，〈中国 SSBNの戰略価値と今後〉，《世界の艦船》，2011 年 12 月號。

府官員表示，2018 年各中國海事執法局仍採用其原所屬法律。[41]

　　習近平所領導的中國共產黨決定將中國建設成海權強國，而

---

[41] 作者訪談前中國官員，2018 年 11 月 15 日。

2013 年日本海保廳巡邏艦的數量仍多於中國海警巡邏艦的數量。[42]所以他們增加了新編中國海警巡邏艦數量（詳見表 7.6）。2017 年中國海警巡邏艦的數量，已經超過日本海保廳巡邏艦的數量。同時，中國海警還增加了巡邏艦的規模，使中國海警擁有世界上最大的巡邏艦（中國海警 3901 及中國海警 2901；其排水量為 12,000 噸）。[43]日本海保廳年度報告表示，2020 年中國海警總噸位 1,000 噸以上的巡邏艦

表 7.6　船舶數量比較：日本海上保安廳及中國海警局（2013-2020年）

年	日本海上保安廳（JCG）			中國海警局（CCG）	
	巡邏艦	巡邏船	總數	近岸巡防艦	總數
2013	117	238	418	78	602+
2014	120	238	421	80	584+
2015	128	238	429	90	394+
2016	128	238	429	104	349
2017	131	238	432	120	485
2018	134	238	435	118	471
2019	138	238	443	119	452
2020	141	238	450	120	552+

資料來源：2013-2020 年日本海保廳年度報告，2013-2020 年軍力平衡（Military Balance）報告。

---

[42] "Tuidong Haiyang Qiangguo Jianshe Buduan Qude Xinchengjiu jinyibu Guanxin Haiyang Renshi Haiyang Jinglue Haiyang," *Renminribao*, August 1, 2013, p. 1.

[43] 〈美媒：中國新怪獸萬噸海警船完成南海首巡〉，《環球網》，2017 年 5 月 11 日，https://mil.huanqiu.com/article/9CaKrnK2ERc（瀏覽日期：2020 年 8 月 9 日）。

數量爲日本海保廳的 2 倍。[44]

　　國務院突然於 2017 年 12 月 8 日免去孟宏偉中國海警局局長、國家海洋局副局長之職務，並於 2020 年 1 月 21 日在天津地方法院被判受賄罪。2018 年 1 月 10 日，中國領導人習近平向人民武裝警察部隊（簡稱人民武警部隊，RAP）司令員王寧進行授旗。[45]公安部文職領導被從人民武警部隊及中國海警組織開除出去，中共中央軍委直接控制人民武警部隊，包括中國海警局。[46]我們無法得知中共決定將文職領導人開除出中國海警局，掌握人民武警部隊及中國海警局的原因。據傳，中共領導人害怕政變，因爲公安部的組織及預算在中國境內反叛亂行動上，已經變得相當龐大，很有可能會挑戰到中共的權力。[47]

　　中國海警局發生了什麼事？我們無法得知詳情，不過很可能是人民武警部隊及解放軍海軍在角力其對中國海警局的影響力。中共中央軍委在 2018 年 12 月提名解放軍上將王仲才爲中國海警總隊司令員，然而中國海警局局長一職則維持空缺一時。[48]如此一來，我們或許能

---

[44] The CCG has 130 patrol vessels more than 1,000 gross tons, and the JCG has 66 patrol vessels more than 1,000 gross tons. *Japan Coast Guard Report 2020* (JCG, 2020), p. 24.

[45] 〈習近平向武警部隊授旗並致訓詞〉，《中華人民共和國國防部》，2018 年 1 月 10 日，http://www.mod.gov.cn/shouye/2018-01/10/content_4802123.htm（瀏覽日期：2018 年 4 月 5 日）。

[46] "Zhonggong Zhongyang Yinfa〈Shenhua Dang He Guojiajigou Gaigefang'an〉" *Renminribao*, March 22, 2018, pp. 6-7.

[47] 作者訪談中國學者，2018 年 11 月 15 日。

[48] "Wang Zhongcai Shaojiang Ren Zhongguo Renmin Wuzhuang Jingcha Budui Haijing Zongdui Silingyuan Zhongguo Haijing Shiye Qiantu Guangming!" *Souhu*,

猜測解放軍海軍及人民武警部隊之間存在著對中國海警局影響力的競爭。最後，王上將在 2019 年提名了中國海警局局長，所以應能理解爲解放軍海軍在此競爭中勝出。[49]2020 年 6 月 20 日，新人民武警部隊法正式公布，而包括中國海警局在內的人民武警部隊，將會在戰時成爲中央軍委領導下武裝力量的一部分。[50]新的《中國海警法》（草案）已於 2020 年 11 月 4 日公布，中國海警將承擔幾乎所有的海上任務，例如海上公共及交通安全、打擊海上犯罪、處理突發事故、保護海洋資源和環境、海上巡邏等，並可對外國船隻使用武器。[51]有些美日國防專家將中國海警船艦視爲「砲艇」，認爲中國將利用中國海警船在第一島鏈內進行戰爭以外的軍事行動（MOOTW），並使解放軍海軍在第一島鏈外海域之投射能力更爲集中。[52]

December 8, 2018, https://www.sohu.com/a/280556724_726570 (accessed July 30, 2020).

[49] "Kita Taiheiyou Chiiki 6kakoku No Renkei・kyoryoku Ni Kakaru Kyodo Sengen Wo Saitaku~Dai 20 Kai Kitataiheiyou Kaijohoan Foramu Samitto Kekkagaiyo~" *Kaijo Hoan Cho*, October 4, 2019.

[50] Di Shiyijie Quanguo Renmin Daibiao Dahui Di Shici Huiy Jingi Tongzhi, Zhonghua Renmin Gongheguo Wuzhuang Jingcha Fa, June 20, 2020.

[51] 參見《中華人民共和國海警法（草案）》，https://npcobserver.com/wp-content/uploads/2020/11/Coast-Guard-Law-Draft.pdf（瀏覽日期：2020 年 12 月 23 日）。

[52] Yamamoto Katsuya, "Senkaku Shuhen No Ryokai Wo Shinpan Suru Chugoku Kaikei No Sjhotai," *Toyokeizai*, December 24, 2020, https://toyokeizai.net/articles/-/398181 (accessed December 24, 2020).

肆、結論：中國新海上攻勢，不宣而戰？

中國的海上攻勢近期不僅在釣魚台列嶼海域，也在南海南沙群島等海域加強許多。中國政府派出大型中國海警巡邏艦在南海展開攻勢，因此發生了多起碰撞事件，即有些東協國家的漁船被擊沉。中國海警巡邏艦為中國海監船、漁船護航，並對東協國家的海監船、漁船進行干擾。[53]東盟國家海上執法單位的船隻比中國海警巡邏艦小，無法與之競爭。而這也是印尼、越南、馬來西亞會派出海軍砲艇與中國海警巡邏艦競爭的原因。[54]這看起來就像是一場沒有宣戰的戰爭。

如果把東海釣魚台列嶼爭端與南海爭端相比，釣魚台列嶼爭端似乎比較和平且具有象徵意義。這是因為日本海保廳船員在釣魚台列

---

[53] "Vietnam, China embroiled in South China Sea stand-off," *The Straits Times*, July 17, 2019, https://www.straitstimes.com/asia/se-asia/vietnam-china-embroiled-in-south-china-sea-standoff (accessed July 21, 2019); "Update China Risks Flare-up over Malaysian, Vietnamese GAS Resources," *Asia Maritime Transparency Initiative*, December 13, 2019, https://amti.csis.org/china-risks-flare-up-over-malaysian-vietnamese-gas-resources/ (accessed December 16, 2019).

[54] Fadli, "Indonesia will not file protest against China over another Natuna incident," *Jakarta Post*, May 31, 2016, http://www.thejakartapost.com/news/2016/05/31/indonesia-will-not-file-protest-against-china-over-another-natuna-incident.html (accessed May 31, 2016); Niharika Mandhana, "In South China Sea Confrontation, Indonesia Resists China-Causiously," *Wall Street Journal*, January 17, 2020, https://www.wsj.com/articles/in-south-china-sea-confrontation-indonesia-resists-chinacautiously-11579257004 (accessed January 19, 2020); Lye Liang Fook and Ha Hoang Hop, "The Vanguard Bank Incident: Developments and What next?" *ISEAS Perspective*, Issue 2019, No. 69, September 4, 2019, p. 3; AMTI Brief, "Malaysia Picks a Three-Way Fight in the South China Sea," *Center for Strategic & International Studies (CSIS)*, February 21, 2020, https://amti.csis.org/malaysia-picks-a-three-way-fight-in-the-south-china-sea/ (accessed February 22, 2020).

嶼海域付出很大心力，以及日美同盟所具有的嚇阻力量。有些日本學者及記者擔心 2020 年 8 月中國會在釣魚台列嶼海域再次進行海上示威，儘管這並未實現。據說，有中國地方政府建議中國漁民不要在釣魚台列嶼海域捕魚。[55]若是如此，中國政府對習近平主席不久後正式訪日還是抱持著希望，所以暫時停止其攻勢。但我們還是要謹慎以對，因爲東海局勢隨時可能改變。

南海衝突對日方來說是個很好的教訓。據瞭解，中國海警局將會在戰時依循中共中央軍委的命令或該軍委所提名戰區司令的命令，以參加海上交戰。有些日本國防專家將中國海警船艦認定爲一種「砲艇」。[56]日方需要改革並擴大海保廳組織，以應對中國海警未來不宣而戰的進攻。日本海保廳仍需增加巡邏艦數量及耐用性以應對中國海警，儘管其巡邏艦的品質已得應對中國海警巡邏艦（詳見表 7.6、表 7.7）。而且日本政府也需要修改《日本海上保安廳法》第 25 條，以應對海上民兵的進攻活動等灰色地帶問題。[57]

此外，日本政府應強化其本身在區域國家間的海上狀態覺知

---

[55] "Jinyuqi Jiejin Fujiansheng Xialing Yumin Jinliang Shaodao Diaoyudao Haiyu," *Lianhe Xinwen Wang*, August 16, 2020, https://udn.com/news/story/7332/4785359 (accessed August 18, 2020).

[56] Yamamoto Katsuya, "Senkaku Shuuhen No Ryokai Wo Shinpan Suru 'Zhugoku Kaikei' No Shotai," *Toyo Keizai*, December 24, 2020, https://toyokeizai.net/articles/-/398181 (accessed December 24, 2020).

[57] The article 25 of the JCG Act defines the JCG's character as non-military organization, https://www1.doshisha.ac.jp/~karai/intlaw/docs/kaiho.html (accessed September 3, 2020).

表 7.7　中國海警局及日本海上安保廳巡邏艦之比較

	總噸位	長	寬	模深	最大速度
中國海警 2401	3,643 噸	99 公尺	15.2 公尺	7.6 公尺	19.1 節
PL 型伊豆號	3,768 噸	110.4 公尺	15.0 公尺	7.5 公尺	21.0 節
中國海警 2307	3,283 噸	98 公尺	15.2 公尺	7.5 公尺	18.0 節
PLH 型宗谷號	3,139 噸	98.6 公尺	15.6 公尺	8.0 公尺	21.0 節
中國海警 2151	1,937 噸	88 公尺	12.0 公尺	5.6 公尺	18.0 節
PL 型飛驒號	1,800 噸	95 公尺	13.0 公尺	6.0 公尺	30 節
中國海警 2153	949 噸	71.4 公尺	10.5 公尺	5.2 公尺	10.5 節
PL 型阿蘇號	770 噸	79 公尺	10 公尺	6 公尺	30 節

資料來源：中國海監第五支隊，《中國海監第五支隊大事記 1999-2018》（上海：上海科技出版社，2018 年）；《世界の艦船》，第 881 期（2018 年）。

（Maritime Situational Awareness, MSA）能力。[58]海上狀態覺知的概念，為美國及北約部隊所建構並提倡，其不僅使用巡邏艦及飛機，還使用自動識別系統（Automatic Identification System, AIS）及衛星圖像。美國海軍更在 2007 年提出全球海上狀態覺知（GMSA）的概念。[59]全球海上狀態覺知是種多層次、多領域的景象，將海洋領域內及鄰近區域的船舶、貨物、人員及危險物之身分、位置、已知模式及

---

[58] "MSA: Crisis Management at Sea-Urgent Proposals from the field, By IIPS Study Group to follow up on The Yasuhiro Nakasone Proposal on Maritime Security in East Asia," *Institute for International Policy Studies*, October 2016, http://www.iips.org/en/research/2016/10/28143054.html (accessed June 20, 2017).

[59] Navy Maritime Domain Awareness Concept in May 2007, http://www.navy.mil/navydata/cno/Navy_Maritime_Domain_Awareness_Concept_FINAL_2007.pdf (accessed July 5, 2017).

圖 7.4　2018 年日本海保廳艦隊回顧

圖片來源：作者提供。

當前活動串連起來。我們應建立海上監測及預防機制，以防止海上民
兵及海上暴力事件，包括區域國家間的海上衝突。

第八章
是敵是友？中國與北韓
關係改善之因素及限制

大嶋英一*

* 日本東京大學理學碩士。現任日本星槎大學高等教育研究院教授。曾任日
本駐聯合國公使、駐韓國公使、駐菲律賓公使、駐斐濟大使等，以及神戶
大學國際協力研究科教授、玉川大學觀光學部教授。研究領域爲中國政
治、中國海洋政策與海洋法、國際合作。

2017 年，因為北韓核試驗及導彈試驗，中國與北韓關係比以往都要惡化，兩國媒體甚至提到中國與北韓有可能發生軍事對抗。不過，當 2018 年北韓改變政策，要求與美國對話時，中國與北韓關係也迅速改善，從 2018 年 3 月到 2019 年 6 月，中國與北韓舉辦了五次高峰會。比較同期間所舉行的兩次美國與北韓高峰會和三次南北韓高峰會，其頻率要高得多。一年前仍處於爭執的雙邊關係能迅速改善的因素是什麼？其改善的限制又會是什麼？由於中國與北韓關係會對日本、韓國、臺灣在內的東亞地區安全產生重大影響，因此釐清決定中國—北韓關係的因素和限制便顯得十分重要。在本文當中，筆者首先將根據 2017 年中國與北韓媒體的公開爭論，闡明各國對兩國關係的真實感受和欲望。接著，筆者將仔細研究兩國官方媒體如何報導 2018 年 3 月至 2019 年 6 月五次中國—北韓高峰會期間兩國最高領導人的言論。然後，透過分析兩國的真實欲望的比較結果，筆者將從中汲取改善兩國關係的因素。最後，從這五次高峰會所未達成的因素中，討論雙方在改善關係所具有的限制。

壹、2017 年中國與北韓媒體公開爭論情形

一、背景概述

中國與北韓之間的真實關係到底是什麼，其實一直都不是很清楚。自從在韓戰期間中國對抗聯合國軍隊以支援北韓以來，大家普遍認為兩國關係特別密切，稱為「歃血為盟」。這似乎能以北韓是中國唯一盟友作為佐證。然而，雙邊關係的現實似乎比這種預期復雜得

多。比如，在美韓同盟下，南韓駐有許多美軍，但北韓沒有中國軍隊駐守。另外，北韓經常強調「主體思想」（Juche idea），表現出強烈的獨立精神，但這代表獨立於什麼之外？看起來像是表示獨立於中國，以防止被鄰國巨人所同化。2017 年春天，中國透過媒體向北韓施壓，要求北韓停止第六次核試驗。只是這造成北韓的憤怒反應。而兩國的媒體也開始公開爭論，這對中國與北韓關係來說很是少見。這場媒體爭論發生在中共官方報紙《人民日報》所屬《環球時報》社論，以及北韓國營通訊社之北韓中央通訊社（KCNA）之間。而《環球時報》社論有多達三十幾次挑起北韓核導彈問題，北韓中央通訊社則提出過 4 次。

　　從下文能看出，盟友之間的激烈交鋒似乎更反映了中國與北韓關係的真實情況，然而這種情況對外界來說，卻不嘗很少見。

二、透過媒體爭論

　　2017 年 4 月，中國國家主席習近平正式出訪美國，並與美國總統川普舉行首次元首高峰會。美國敦促中國對北韓施加強大壓力，以防止北韓進行核試驗。在 4 月 6 日的歡迎晚宴上，川普總統告知習近平主席，美國剛剛使用巡弋導彈襲擊了敘利亞。這被認為是表明，如果中國不勸說北韓放棄核子計畫，美國就會自行攻擊北韓。[1]高峰會

---

[1] "U.S. Strikes on Syria Put Xi in Tough Position for Trump Meeting," *The New York Times*, April 7, 2017, https://www.nytimes.com/2017/04/07/world/asia/trump-china-xi.html (accessed August 15, 2020).

結束後，中國努力透過媒體說服北韓。主要是利用《環球時報》社論進行勸說。而之所以會採用媒體方式，是因為金正恩政府自成立以來，中國與北韓之間的外交管道缺乏互信，所以並沒有發揮良好作用。[2]

《環球時報》4 月 13 日社論表示，如果北韓放棄核子計畫，中國不僅會提供經濟支持，還會提供安全保護傘。[3]然而，北韓對此表達強烈的反對意見。4 月 21 日，北韓中央通訊社以不點名方式指責中國。[4]隨後，《環球時報》社論基調出現戲劇性轉變，變成嚴厲批評北韓。4 月 22 日的社論甚至建議，中國容許美國對北韓核武設施進行外科手術式打擊（surgical attacks）。[5]另一篇社論，則明確否認韓戰期間用鮮血成就的所謂中國北韓友誼，並稱：「過去中國與北韓的友誼是上世紀東北亞地緣政治的結果，也符合當時兩國的國家利益。」[6]社論甚至提到可能與北韓發生軍事對抗。

這篇社論對北韓的刺激很大，所以北韓中央通訊社這次點名批評

---

[2] "China must be ready for worsened NK ties," *The Global Times*, April 27, 2017, http://www.globaltimes.cn/content/1044523.shtml (accessed September 20, 2020).

[3] "With China's help, it is not dangerous for DPRK to abandon nuclear weapons and open up," *The Global Times*, April 13, 2017, http://eng.chinamil.com.cn/view/2017-04/13/content_7561839.htm (accessed August 15, 2020).

[4] "Are You Good at Dancing to Tune of Others," *KCNA*, April 21, 2017, http://www.kcna.co.jp/item/2017/201704/news21/20170421-27ee.html.

[5] "Realistic solution needed for NK nuke issue," *The Global Times*, April 22, 2017, http://www.globaltimes.cn/content/1043646.shtml (accessed September 3, 2020).

[6] "China must be ready for worsened NK ties," *The Global Times*, April 27, 2017, http://www.globaltimes.cn/content/1044523.shtml (accessed September 3, 2020).

中國。在 5 月 3 日的評論中，北韓對中國與南韓建交表示強烈不滿，
指責中國侵犯北韓的戰略利益。北韓拒絕放棄核武，並表示「對北韓
來說，核武是其絕對象徵，代表其最高利益。」「無論友誼有多珍
貴，北韓都不會爲了乞求維持與中國的友誼，冒險失去珍貴如自身性
命的核子計畫。」有意思的是，評論表示：「身爲一個核武國家，我
們有各式各樣的選擇。」「中國思考當前草率舉動所帶來的重要後
果，這些舉動會切斷北韓與中國關係的支柱。」[7]這能視其爲北韓將
切斷與中國的同盟關係，並接近美國的跡象。[8]對此，《環球時報》5
月 4 日發表社論表示，「中國與北韓友好條約過時了嗎？」[9]並提及
2021 年條約到期便可能不再續約。兩者之間的爭論也更加激烈。

　　針對北韓 9 月 3 日進行的第六次核試驗，聯合國安理會通過決
議，將加強對北韓的經濟制裁。中國主動支持此決議。[10]對此，9 月
22 日，北韓中央通訊社發表一篇標題爲〈抨擊中國媒體無恥無禮行
爲〉的言論。[11]其猛烈抨擊中國，並提出過去相關歷史事跡，如 1960

7　"Commentary on DPRK-China Relations," *KCNA*, May 3, 2017, https://
kcnawatch.org/newstream/1493850746-343187325/commentary-on-dprk-china-
relations/?utm_.

8　For more information, please refer to "China-DPRK Relations Revealed by Media
Disputes," Xi Jinping regime second phase, *the IAS Asian Research Paper*, No. 104.

9　"Is China-North Korea friendship treaty outdated?" *The Global Times*, May 4, 2017,
http://www.globaltimes.cn/content/1045251.shtml (accessed September 22, 2019).

10　"China supports UN Security Council resolution on DPRK," *The People's Daily*,
September 12, 2017, http://en.people.cn/n3/2017/0912/c90000-9267834.html
(accessed August 18, 2020).

11　"Chinese Media's Shameless and Impudent Acts Blasted," *KCNA*, September 22,

年代中國進行第一次核試驗導致被孤立時，北韓曾支持中國；1972
年美國總統尼克森訪中時，北韓也曾幫中國維持面子等。表 8.1 顯示
中國與北韓雙方在公開爭論中的主要爭點。

表 8.1　中國與北韓雙方在公開爭論中的主要爭點

中國主張	北韓主張
擔心美國與北韓衝突導致核污染和北韓難民大量湧入中國東北。	大肆表示「侵害」只是顯示中國對北韓快速發展核武的不滿具有不可告人的目的。
中國不能允許在鴨綠江對岸出現一個反對中國的政府。 中國不會接受美軍進駐鴨綠江。 如果美韓軍隊從陸地入侵北韓，推翻北韓政權，中國將進行軍事干預。 只要北韓放棄核子計畫，中國將提供安全保護傘和經濟支援。	中國只是把北韓當作阻擋強盜的前院及「緩衝區」。 指出中國胡說八道，認為北韓必須重新考量與其關係的重要性，以及中國能協助維護北韓安全並提供足夠北韓經濟發展的支持與援助。
北韓的核子發展將導致更加強化美國在東亞的影響力，並對中國構成戰略威脅。	中國參與聯合國的制裁行動，相似於試圖摧毀北韓體制的敵人所為。 中國已經和南韓建立外交關係，並違反了北韓的戰略利益。
中國與北韓關係一直以兩國國家利益為基礎，包括在韓戰期間，雙方不具任何特殊關係。	北韓已經在前線保護中國超過七十多年了。這不僅僅是為了自身利益。

2017, http://www.kcna.co.jp/item/2017/201709/news22/20170922-06ee.html.

表 8.1 中國與北韓雙方在公開爭論中的主要爭點（續）

中國主張	北韓主張
中國與北韓之間甚至可能會發生軍事對抗。	若北韓不放棄核子計畫，中國便不排除進行軍事干預的可能性，這是一種極其傲慢的沙文主義邏輯。
中國將會容忍美國對北韓核武設施進行外科手術式攻擊。	
中國建議解散中國—北韓同盟。	如果中國持續實施經濟制裁，便要準備好面對其與北韓關係走向災難的後果。 北韓身為核武國家，不覺得有必要考慮現在能有多少選擇這種問題。
	北韓批評中國文化大革命、尼克森總統訪中及中國拜金主義。

三、媒體爭論所顯示的真實感受和欲望

　　如表 8.1 所顯示，中國和北韓透過其媒體進行從未出現於官方聲明中的嚴厲批評。這些激烈的針鋒相對似乎正好反映雙方對兩國關係的真實感受和欲望，具體說明如下。

（一）中國的真實感受和欲望。北韓對中國來說算什麼？

1.中國擔心因為北韓擁有核武造成其安全環境惡化

　　中國反對北韓核武庫的主要原因，在於其認為北韓擁有核武將會使中國的安全環境惡化。對此，中國經常表達其關切。首先，中國擔

心美國對北韓的軍事攻擊將直接影響中國，例如核污染和大量北韓難民潮。其次，中國表示，為了美國和北韓所發生的武裝衝突導致中國要直接對戰美軍，這是中方不可接受的事。第三，北韓核子發展會是對中國的戰略威脅，因為其加強美國在東亞地區的軍事部署。中國對於南韓部署薩德系統（THAAD）的反應，已經顯示出中國對此的關切。此外，中國很可能也會擔心北韓核子發展將引發日本、南韓和臺灣進行核武軍備。[12]

2. 中國希望維持北韓作為緩衝國的地位

對此，《環球時報》連續發表社論，例如「如果美韓武裝力量在陸地入侵程度超越南北韓非軍事區（Demilitarized Zone），其直接目的是消滅平壤政權，中國將立刻自行拉響警報，並加強軍事力量」，而這一點再清楚不過。[13]

3. 中國想要保持對北韓和朝鮮半島的控制

中國顯然想確保其對北韓的影響力，正如社論所說，如果北韓放棄核子計畫，中國與北韓關係將立即恢復，並提供相關支持。[14]這也

---

[12] 這點從中國駐美大使崔天凱先生得到澄清。"Korean Peninsula Nuclear Problem: The Position of China is Clear," *The People's Daily* (Japanese edition), September 18, 2017, http://j.people.com.cn/n3/2017/0918/c94474-9270269.html (accessed December 29, 2019).

[13] "Realistic solution needed for NK nuke issue," *The Global Times*, April 22, 2017, http://www.globaltimes.cn/content/1043646.shtml (accessed August 15, 2020).

[14] "With China's help, it is not dangerous for DPRK to abandon nuclear weapons and open up," *The Global Times*, April 13, 2017, http://eng.chinamil.com.cn/view/2017-04/13/content_7561839.htm (accessed August 15, 2020).

代表，中國願意以主要角色參與建立朝鮮半島上秩序。

4. 對北韓深感不信任

正如《環球時報》2017 年 4 月 27 日社論所表示：「只要北韓仍有一絲理性，最終就不會在軍事上與中國對抗。」[15]中國對北韓的不信任感非常強烈，很難相信兩國會是盟友。對中國來說，北韓不是一個「正常國家」，[16]對於只要北韓擁有核武就有可能做出任何事來這件事，始終有很深的不信任感。

社論更表示：「自從金正恩成為北韓領導人以來，雙方沒有舉行過任何領導人會面。雖然他們保持著順暢的外交溝通管道，但雙方的戰略互信卻很少。」這種對金正恩的間接批評，也表明了雙方強烈的不信任感。

（二）北韓的真實感受和欲望。中國對北韓來說算什麼？

1. 北韓被中國以自我為中心的強權政治所左右？

北韓中央通訊社一篇社論曾抱怨，儘管北韓七十多年來一直保護中國不受美國侵犯，但中國並不十分感激。[17]北韓深受中國的自私行

---

[15] "China must be ready for worsened NK ties," *The Global Times*, April 27, 2017, http://www.globaltimes.cn/content/1044523.shtml (accessed September 3, 2020).

[16] "With China's help, it is not dangerous for DPRK to abandon nuclear weapons and open up," *The Global Times*, April 13, 2017, http://eng.chinamil.com.cn/view/2017-04/13/content_7561839.htm (accessed August 15, 2020). The editorial says, "a bright future can be expected for the DPRK to rely on China for getting out of the nuclear dilemma and becoming a normal country."

[17] "Commentary on DPRK-China Relations," *KCNA*, May 3, 2017, https://kcnawatch.org/newstream/1493850746-343187325/commentary-on-dprk-china-

爲所苦，例如文化大革命及其與美國的突然和解。[18]尤其是媒體的爭論證實，中國與南韓外交正常化被認爲是對北韓來說，不可饒恕的「背叛」，[19]北韓聲稱自己是朝鮮半島唯一的合法政權。

2. 中國是潛在威脅，北韓渴望能獨立不受中國影響

北韓嚴厲批評中國，聲稱中國與美國一起對北韓施壓，並參與聯合國制裁，這是北韓「不能容忍的行爲」，「是中國毫不猶豫超越雙邊關係的（紅）線」。北韓也意識到，中國是對北韓的威脅，其爲了自身利益而犧牲北韓的「尊嚴和生存權」。同時也暗示，北韓可能會更加獨立不受中國影響，因爲北韓「已經成爲最強大的核武國家之一，不覺得有必要考慮現在有多少選擇」。[20]其發展核武的目的似乎不僅是爲了對付美國，也是爲了獨立不受中國影響。[21]

3. 執著於核武發展

北韓中央通訊社說：「對北韓來說，核武器是其絕對象徵，代表

---

relations/?utm_.

[18] "Chinese Media's Shameless and Impudent Acts Blasted," *KCNA*, September 22, 2017, http://www.kcna.co.jp/item/2017/201709/news22/20170922-06ee.html.

[19] "Commentary on DPRK-China Relations," *KCNA*, May 3, 2017, https://kcnawatch.org/newstream/1493850746-343187325/commentary-on-dprk-china-relations/?utm_.

[20] Ibid.

[21] 據說，在 2017 年 6 月的中美外交安全對話中，中美曾討論過北韓崩潰時的核武控制和破壞措施。從北韓的角度來看，這是中國盟友對其背叛的行爲，看起來北韓對中國的不信任感也更加深化。更多訊息，請參考"China-DPRK Relations Revealed by Media Disputes," Xi Jinping second phase, *the IAS Asian Research Paper*, No. 104 (2020)。

其最高利益。」「無論友誼有多珍貴，北韓都不會爲了乞求維持與中國的友誼，冒險失去珍貴如自身性命的核子計畫。」[22]這些表述都清楚表明了北韓對核武發展的執著。

4.北韓面臨的嚴峻現實

北韓之所以用嚴厲的言詞批評中國，但仍然強調與中國的傳統友好關係，是因爲沒有中國的能源和糧食支援，北韓就無法生存。在安全方面，還有一個現實，那就是中國嚇阻美國對北韓進行軍事攻擊。因此，除非能解決與美國的敵對關係，否則北韓將無法選擇與中國斷絕關係。

貳、2018年後中國與北韓關係之改善

一、北韓新戰略路線及中國與北韓關係改善

金正恩在2018年1月的新年致詞中宣布完成核武，並宣布願意參加2月的平昌奧運會。[23]實際上，這是個訊號，代表原來的政策已經改變，北韓將尋求對話。平昌奧運會期間，金正恩的妹妹金與正造訪南韓，爲改善南北韓關係及美國—北韓關係鋪路。4月，北韓也從原來的同時推動經濟建設和核武建設的戰略路線，轉爲以經濟建設爲

---

[22] "Commentary on DPRK-China Relations," *KCNA*, May 3, 2017, https://kcnawatch.org/newstream/1493850746-343187325/commentary-on-dprk-china-relations/?utm_.

[23] "Kim Jong Un Makes New Year Address," *KCNA*, January 1, 2018, http://kcna.kp/kcna.user.special.getArticlePage.kcmsf (accessed July 28, 2020).

中心的新路線。[24]金正恩在 4 月南北韓高峰會前的 3 月出訪中國，並與習近平舉辦了首次高峰會，他想運用其熱切行動來打動中國以改善對中關係。此後，到 2019 年 1 月，金正恩已四次訪中，2019 年 6 月，習近平也正式造訪北韓。

二、五次中國北韓高峰會回顧及特色

（一）首次會面：2018 年 3 月 25 日至 28 日金正恩訪中

　　從《人民日報》和北韓中央通訊社的以下報導來看，第一次高峰會是應北韓改善對中關係的要求而舉辦。金正恩希望與中國和解，並在南北韓高峰會召開前透過造訪中國向中國尋求必要的支援。但金正恩的主要目的，可能是爲了阻止像 2017 年南北韓高峰會及美國—北韓高峰會前，中國與美國一起向北韓施壓的局面。值得注意的是，《人民日報》報導金正恩表示願意實現朝鮮半島無核化，但北韓中央通訊社並未提及無核化議題。儘管習近平表示中國將繼續在朝鮮半島問題上，扮演具建設性角色，但北韓中央通訊社也沒有相關報導。

　　另一個有意思的問題是，金正恩接受中共的路線爲「正確路線」。由於 2017 年北韓中央通訊社某篇評論批評中國的拜金主義傾向，北韓曾對中國當前的路線抱持懷疑態度，[25]金正恩似乎改變了原

---

24 "3rd Plenary Meeting of 7th C.C., WPK Held in Presence of Kim Jong Un," *KCNA*, April 21, 2018, http://kcna.kp/kcna.user.special.getArticlePage.kcmsf (accessed July 28, 2020).

25 "Chinese Media's Shameless and Impudent Acts Blasted," *KCNA*, September 22, 2017, http://www.kcna.co.jp/item/2017/201709/news22/20170922-06ee.html.

來的立場。表 8.2 是《人民日報》和北韓中央通訊社所報導，金正恩和習近平在第一次高峰會上的談話摘要。

表 8.2 2018 年 3 月第一次高峰會

金正恩意見概述		習近平意見概述	
2018 年 3 月 29 日《人民日報》	2018 年 3 月 28 日北韓中央通訊社	2018 年 3 月 29 日《人民日報》	2018 年 3 月 28 日北韓中央通訊社
金正恩覺得，出於同志情誼及道義責任，他應該親自即時通知中國同志習近平。這是北韓在新情勢下，延續並發展對中友好的戰略選擇。	金正恩邀請習近平正式造訪北韓，而習近平也欣然接受該邀請。金正恩提及，要經常與包括習近平在內的中國同志見面，進一步深化其友誼，並強化戰略溝通與戰術合作。	中國與北韓友誼的延續與發展，是雙方基於歷史與現實、國際與區域結構作出的戰略選擇。是中國共產黨及中國政府堅守的原則，乃維持、鞏固及發展與北韓的良好關係。習近平針對發展中國與北韓關係提出四項建議：高層交流；充分發揮久經考驗戰略溝通的寶貴經驗；主動促進和平發展，並努力推動區域和平、穩定及發展；促進人員之間的交流。	這是穩定推動並發展中國─北韓友好關係的戰略選擇。出於共同理想、信念和深厚的革命友誼，中國與北韓友好關係會透過真摯走向社會主義勝利的奮鬥路上而得到充足養分。

表 8.2 2018 年 3 月第一次高峰會（續）

金正恩意見概述		習近平意見概述	
中國共產黨的路線是符合國情的正確路線。	中國人民在新時代建設社會主義現代化強國的事業，以及實現中華民族偉大復興中國夢的奮鬥中，將會達成光榮的成就。		
按照已故金日成和金正日意志，致力半島無核化是我們一貫的立場。 如果南韓和美國作出善意回應，創造和平與穩定氣氛，同時為實現和平採取漸進和同步的措施，朝鮮半島無核化問題就能得到解決。 北韓希望加強與中國的戰略溝通，共同維護協商對話的趨勢及朝鮮半島和平穩定。		今年以來，朝鮮半島出現正面轉變，中方為此讚賞北韓所付出的重大努力。 中國堅持朝鮮半島無核化目標，維護朝鮮半島和平穩定，並透過對話協商解決問題。 中國將持續扮演建設性角色，與包括北韓在內的各方共同為解決半島局勢勢力。	最近觀察到朝鮮半島局勢所出現的正面轉變，是金正恩戰略決定的成果。

（二）第二次會議：2018 年 5 月 7 日至 8 日金正恩造訪中國大連

　　第二次會議是在 4 月 27 日南北韓高峰會後、6 月美國與北韓高峰會之前在大連舉辦的。由於當時北韓對美國在初步會談中的堅定立場感到不滿，[26]北韓很可能會迫切要求中國支持與美國的談判。另一方面，中國對 4 月南北韓高峰會所發表的《板門店宣言》（Panmunjom Declaration）感到不滿，因爲該宣言包括建立朝鮮半島和平制度的三方會談，而該宣言將中國排除在外。很有可能在大連的高峰會上，習近平會要求金正恩不要把中國排除在外。[27]金正恩在會上致詞中回應說，「將在實現朝鮮半島和東北亞和平與繁榮的歷史長征中，與親密的中國同志攜手並進。」北韓中央通訊社則表示，大連高峰會似乎討論緊張，「他們就如何解決共同關切的關鍵問題深入交換意見」，「會談在坦誠、信任、友好的氣氛中進行。」習近平讚賞北韓改變戰略路線，支持北韓將戰略重點轉向經濟建設。

　　表 8.3 是《人民日報》和北韓中央通訊社所報導，金正恩和習近平在第二次高峰會上的談話摘要。

（三）第三次會議：2018 年 6 月 19 日至 20 日金正恩造訪北京

　　第三次會議是在 6 月 12 日美國－北韓高峰會後所立即舉行，從下面的媒體報導可以看出，美國－北韓高峰會的成果評價很高，其模

---

[26] "DPRK FM Spokesman Flays U.S. Increased Pressure against DPRK," *KCNA*, May 6, 2018, http://www.uriminzokkiri.com/index.php?ptype=cfodoc&stype=0&ctype=0&page=1&lang=eng&mtype=view&no=11173.

[27] 關於中國和北韓在建立區域和平機制上的不協調，詳見第參部分第二項。

表 8.3　2018 年 5 月第二次高峰會

金正恩意見概述		習近平意見概述	
2018 年 5 月 9 日《人民日報》	2018 年 5 月 8 日北韓中央通訊社	2018 年 5 月 9 日《人民日報》	2018 年 5 月 8 日北韓中央通訊社
金正恩向習近平通知有關情況，希望與中國加強戰略溝通與合作，深化北韓─中國友好關係，促進區域和平穩定。	金正恩提及，利用戰略機會更積極密切推動北韓與中國為戰術合作的方式。	3 月高峰會所達成以下四項共識，正在逐步落實當中：發展兩國友好合作關係是兩國堅定不移的原則；中國與北韓都是社會主義國家，雙邊關係具有重大戰略意義；高層交流的重要性；人員之間的溝通與交流（前兩項與 3 月高峰會有些許差別）。中國支持北韓將戰略重點轉向經濟建設。	中國與北韓兩國是命運共同體，具有唇齒相依的關係。相當樂見北韓勞動黨所提出全力以赴進行社會主義經濟建設的新戰略路線。
金正恩對中國長期以來為實現朝鮮半島無核化、維護地區和平穩定所作出的重大貢獻表示感謝。	金正恩將與中國同志攜手緊密合作，在歷史長征中實現朝鮮半島和東北亞的和平與繁榮，並建立	談及朝鮮半島局勢，習近平表示，他和金正恩在 3 月的會談中已充分交換意見，並達成重要	中國作為友好鄰國，為區域和平與穩定作出一貫的努力，並密切關注半島局勢發展與變化。

表 8.3　2018 年 5 月第二次高峰會（續）

金正恩意見概述		習近平意見概述	
只要相關各方廢除敵對政策，消除對北韓的安全威脅，北韓就沒有必要成為核武國家，無核化就能實現。 金正恩表示，希望北韓與美國雙方能透過對話建立互信，相關各方都以負責態度採取階段性與同步措施，全面推動政治解決朝鮮半島問題，最終實現朝鮮半島無核化及長久和平。	公平公正的未來新世界。	共識。 中方願繼續與相關各方，共同為全面推動透過對話和平解決朝鮮半島問題的進程，並為實現區域長期和平與穩定之目標扮演積極角色。 中國讚賞北韓宣布決定停止核試驗和洲際彈道飛彈試射，並拆除北部核試驗場區。 中國支持北韓堅持朝鮮半島無核化目標，並支持北韓與美國為解決朝鮮半島問題進行對話協商。	高度讚賞金正恩最近所作出的重要決定和採取措施，並重申其全力支持。

式對未來而言也相對樂觀。翌日，雙方進行非正式一對一會談（tête-à-tête talk），領導人「討論在新形勢下進一步加強兩方和兩國戰略戰術合作的問題」。這可能顯示，金正恩基於第一天會談內容，直接呼籲中國提供經濟支持。考量到建立朝鮮半島和平機制三方會談而排除

中國參與，可能會對第二次高峰會會談造成棘手的問題，金正恩表示，「將在保衛社會主義、開放朝鮮半島和區域新未來的歷史長征中，與親密的中國同志密切合作。」這說明他對中方做出了徹底的讓步。

　　表8.4是《人民日報》和北韓中央通訊社所報導，金正恩和習近平在第三次高峰會上的談話摘要。

表8.4　2018年6月第三次高峰會

金正恩意見概述		習近平意見概述	
2018年6月20日《人民日報》	2018年6月20日北韓中央通訊社	2018年6月20日《人民日報》	2018年6月20日北韓中央通訊社
我將引導北韓人民認真實現，我和習近平所達成的重要共識。	北韓和中國的關係正發展為超越傳統、前所未有的特殊關係（金正恩會中談話）。	習近平表示，願意與金正恩共同努力，持續落實雙方所達成的重要共識。我們高興能看到，北韓作出了把發展重點轉移到經濟建設上的重大決定，中方支持北韓發展經濟、改善民生。	3月金正恩訪中後，中國─北韓關係進入新的發展階段，而雙方重要共同協議也逐一落實。

表8.4　2018年6月第三次高峰會（續）

金正恩意見概述		習近平意見概述	
北韓—美國高峰會達成了符合相關各方利益和國際社會期待的正面結果。 如果北韓與美國雙方能夠一步步確切落實高峰會共識，朝鮮半島無核化目標將會展開全新且重要的前景。 北韓讚賞中國在推動朝鮮半島無核化及維護朝鮮半島和平穩定方面所扮演的重要角色。 北韓希望與中國及其他相關各方面，共同推動建立朝鮮半島長久穩定的和平機制。	金正恩對中國政黨及政府的積極支持，以及北韓—美國高峰會的成功舉行表示感謝。 金正恩將與中國同志緊密合作，在歷史長征中一同保衛社會主義，並開創朝鮮半島和區域的新未來（金正恩會中談話）。	中國十分樂見，北韓—美國高峰會在實現朝鮮半島無核化和建立朝鮮半島長久和平機制方面達成原則共識，並達成相關正面結果。 在相關各方的共同努力下，朝鮮半島問題已回到透過對話協商尋求解決的正確軌道上。 習近平呼籲北韓和美國落實高峰會結果，以及相關各方為推動和平進程作出共同努力。 中國將持續扮演建設性角色。	習近平對於金正恩成功引導北韓—美國高峰會議，並使朝鮮半島局勢走上對話、談判、和平、穩定的軌道給予高度讚賞。 習近平表示，將全力支持北韓實現朝鮮半島無核化的立場和決心。 中方在未來將持續扮演建設性角色。

（四）第四次會議：2019年1月8日至9日金正恩造訪北京

第四次會議是在美國與北韓會談陷入僵局的情況下所舉行。2018年6月第三次中國與北韓高峰會後，同年9月舉行南北韓高峰會，並發表《平壤宣言》。雖然北韓對宣言給予高度評價，但美國與北韓關於無核化的協商並未取得進展。金正恩在 2019 年的新年致詞中表示，「如果美國不能履行承諾……對北韓的制裁和施壓不變，可能我們不得不探索新的道路。」[28]第四次中國與北韓高峰會就是在這種情況下所舉行。以下媒體報導顯示，習近平試圖勸說金正恩繼續與美國對話。雖然北韓中央通訊社報導，金正恩確認北韓會維持朝鮮半島無核化目標的主要立場不變，但同一篇關於高峰會的報導稱，最高領導人「對兩國政黨及政府在對外關係中，其所保留的獨立立場表示，相互理解、支持和團結」，[29]《人民日報》並未對此進行報導。不清楚「獨立立場」的具體含義，但可能說明中國與北韓在外交政策上存在一些分歧，北韓要求中國尊重北韓的獨立立場。

　　表 8.5 是《人民日報》和北韓中央通訊社所報導，金正恩和習近平在第四次高峰會上的談話摘要。

（五）第五次會議：2019 年 6 月 20 日至 21 日習近平出訪北韓

　　2019 年 6 月，習近平正式出訪北韓，並舉行第五次中國―北韓高峰會。這是 2019 年 2 月河內美國―北韓高峰會破裂後，首次出現的中國―北韓高峰會。金正恩在 4 月舉行最高人民會議上發表政治演

---

[28] "Supreme Leader Kim Jong Un Makes New Year Address," *KCNA*, January 1, 2019, https://kcnawatch.org/newstream/1546317020-839924367/supreme-leader-kim-jong-un-makes-new-year-address/.

[29] "Supreme Leader Kim Jong Un Visits China," *KCNA*, January 10, 2019, https://kcnawatch.org/newstream/1547097746-610254996/supreme-leader-kim-jong-un-visits-china/.

表 8.5　2019 年 1 月第四次高峰會

金正恩意見概述		習近平意見概述	
2019 年 1 月 11 日《人民日報》	2019 年 1 月 10 日北韓中央通訊社	2019 年 1 月 11 日《人民日報》	2019 年 1 月 10 日北韓中央通訊社
	金正恩表示，他的到訪正是向世界明確展現北韓與中國友好關係的始終不變與無懈可擊。		去年金正恩提出將全力以赴進行社會主義經濟建設的新戰略路線，作出大膽明智的決定，以採取多項重要措施，向國際社會展現北韓熱愛和平、發展抱負的希望和期待。
金正恩表示，去年以來，朝鮮半島局勢便趨向緩和，而中國在此進程中的重要角色，則是有目共睹。	北韓在堅守朝鮮半島無核化目標、確切落實新加坡北韓─美國高峰會所通過的共同聲明、尋求談判和平解決問題的主要立場沒有改變，並提及在改善北韓─美國關係和無核化談判過程中所出現的困難與考量及其相關解決的前景。	去年，經中國、北韓和相關各方的共同努力下，政治解決朝鮮半島問題的進程方面促成了重大發展。	習近平完全同意北韓所提出的原則性問題是值得要求的條件，其合理考量問題應得到妥善解決，此外，釐清輕重緩急並妥善處理，也會是相關各方的正確選擇。中方將會為維護雙方基本利益和朝鮮半島局勢穩定，一如既往扮演積極的建設性

表 8.5 2019 年 1 月第四次高峰會（續）

金正恩意見概述		習近平意見概述	
			角色及可靠的後援。
北韓將持續堅守無核化及透過對話協商解決朝鮮半島問題的立場，為北韓與美國領導人在第二次高峰會達成相關結果而努力。金正恩希望美國能正面回應北韓的合理考量，共同推動朝鮮半島問題的全面解決之道（此部分只有《人民日報》中文版報導）。		現在是政治解決半島問題的歷史上難得機會（此部分只有《人民日報》中文版報導）。中國支持北韓持續堅守半島無核化，不斷改善南北韓關係的目標。中方也支持北韓與美國舉行高峰會並達成結果，以及相關各方透過對話解決各自合理考量之問題。中方希望北韓與美國雙方能有所妥協、各自讓步。中方願意與北韓及相關各方，共同為維護朝鮮半島和平穩定、實現朝鮮半島無核化和區域長期和	

表 8.5　2019 年 1 月第四次高峰會（續）

金正恩意見概述	習近平意見概述
	平穩定方面扮演積極角色（此部分只有《人民日報》中文版報導）。

說時表示，「為了落實 6 月 12 日的《北韓—美國共同聲明》，雙方都必須不把自己的單邊要求擺上桌，而是找出能符合彼此利益的建設性方案」，金正恩還呼籲美國在 2019 年底前提出一份北韓可以接受的方案。[30]

雖然《人民日報》報導表示，在第五次高峰會上，習近平表示「此訪旨在促進朝鮮半島問題的政治解決進程」，[31]金正恩也表示，北韓已經準備好「努力在政治解決問題上取得新進展」，但金正恩根本沒有使用「無核化」一詞，北韓中央通訊社也沒有報導兩國領導人在會議上就朝鮮半島問題討論了什麼。[32]這可能表示，金正恩對美

---

[30] "Supreme Leader Kim Jong Un Makes Policy Speech at First Session of 14th SPA," *KCNA*, April 13, 2019.

[31] "Xi, Kim agree to jointly create bright future of bilateral ties," *The People's Daily*, June 21, 2019, http://en.people.cn/n3/2019/0621/c90000-9590219.html (accessed August 28, 2020).

[32] 北韓中央通訊社僅報導：「兩國最高領導人針對重要國際及區域事務包括朝鮮半島情勢等廣泛交換意見，並同意進一步深入發展兩黨及兩國關係，在國際與區域發展複雜多變的今日，是符合兩國共同利益，並有利於區域和平、穩定和發展的做法。」"Supreme Leader Kim Jong Un Has Talks with President Xi Jinping," *KCNA*, June 21, 2019.

國—北韓談判的前景愈來愈懷疑，中國和北韓之間對今後如何進行美國—北韓談判也存在著分歧。《人民日報》更報導，中國願意向北韓提供安全和經濟支援。這是五次中國與北韓高峰會中，中國首次公開宣布對北韓提供安全援助。

表 8.6 是《人民日報》和北韓中央通訊社所報導，金正恩和習近平在第五次高峰會上的談話摘要。

表 8.6　2019 年 6 月第五次高峰會

金正恩意見概述		習近平意見概述	
2019 年 6 月 21 日《人民日報》	2019 年 6 月 21 日北韓中央通訊社	2019 年 6 月 20 日及 21 日《人民日報》	2019 年 6 月 21 日北韓中央通訊社
在當前形勢下，習近平的到訪有助於向世界展現兩國牢不可破的傳統友好關係。北韓政黨和政府堅定不移的政策，便是將北韓—中國關係代代傳承下去。北韓政黨和人民正在為落實新的戰略路線而努力。	習近平的到訪正好是向世界展示北韓—中國友好關係始終不變、無懈可擊的重要時刻。社會主義是北韓—中國友好關係不可改變的核心。	中國與北韓關係已進入歷史上的新時期。中國願意與北韓共同進行深化治理經驗的黨內交流，以及促進經濟和社會福利領域的幹部訓練與人員交流。雙方都是堅持共產黨領導的社會主義國家，這是兩國關係的本質	中國支持金正恩實施新的戰略路線，加速朝鮮半島問題的政治解決進程，並從中為自我發展創造良好的環境。表示將共同開創中國與北韓關係的美好未來，以及區域長久和平與共同繁榮的美好未來。

表 8.6　2019 年 6 月第五次高峰會（續）

金正恩意見概述	習近平意見概述
北韓願意多學習中國的經驗，努力發展經濟並改善民生。 過去一年來，北韓為了避免朝鮮半島出現緊張情勢並控制其局勢，便採取許多積極措施，但卻沒有得到相關各方的積極回應，這是北韓不願看到的。 北韓願意保持耐心，希望相關各方與北韓共同努力，尋求兼顧彼此合理考量問題的解決方案，推動對話進程以達成結果。 北韓高度讚賞中國在解決朝鮮半島問題上所扮演的重要角色。 北韓願意與中國加強溝通協調，努力在政治解決朝鮮半島問題上	屬性。共同理想、信念和目標是雙方關係的動力，雙方持續的友誼和最高領導人的戰略指導是最大的優勢，地理鄰近和文化親和力則提供堅固的連結。 習近平表示，此次到訪旨在鞏固和發揚兩國友好關係，推動朝鮮半島問題的政治解決進程。 習近平高度評價北韓為維護朝鮮半島和平穩定、推動朝鮮半島無核化目標所做的努力。 過去一年，透過對話解決問題的光明前景已經出現。 國際社會希望北韓與美國之間的會談能有所進展及成果。

表 8.6　2019 年 6 月第五次高峰會（續）

金正恩意見概述	習近平意見概述
取得新進展，維護朝鮮半島的和平與穩定。	中國願意提供北韓能力所及的援助為其解決合理的安全與發展考量問題，加強與北韓及其他相關各方的協調與合作，並為實現半島無核化和區域長期穩定扮演積極的建設性角色。 中國願與北韓同志攜手合作，共同實現區域的長期和平與穩定。

參、中國與北韓關係改善之因素和限制

一、中國與北韓關係改善的因素

　　2017 年中國與北韓衝突嚴重，2018 年中國與北韓關係則迅速改善，其原因為何？透過比較 2017 年媒體爭論中所顯示，中國與北韓兩國的真實感受和欲望，以及五次高峰會的結果，兩國改善關係的因素如下：

（一）北韓方面的因素

1. 在美國與北韓進行談判之前，北韓必須避免出現像 2017 年那樣美國和中國共同對北韓施壓局面。[33] 此外，北韓還打算透過獲得中國的支持來改善與美國的談判地位。

2. 由於 2017 年美國和中國曾就北韓核武與導彈問題進行密切的意見交換，因此北韓有必要確切瞭解其討論內容，特別是美國的想法。

3. 北韓需要得到中國的支持，以解除聯合國對北韓的經濟制裁，因為中國是聯合國安理會常任理事國之一。

4. 北韓需要中國的軍事和經濟支持。

5. 北韓希望繼續透過中國－北韓同盟來維持其與美國的談判地位，同時希望同盟對中國具有約束力。

（二）中國方面的因素

1. 中國希望透過支持北韓從核子發展到無核化的政策轉變，實現半島無核化。

2. 中國希望能恢復對北韓的影響力，以北韓作為緩衝國對中國來說是很重要的事。

3. 中國希望能恢復其在建立區域秩序中的主動權。

---

[33] "Boundary line drawn over N Korea nuke issue," *The Global Times*, April 18, 2017, http://www.globaltimes.cn/content/1042957.shtml (accessed August 15, 2020). 其表示：「平壤公然無視世界輿論，執意追求其核子計畫，使韓戰期間曾經的敵人中國與美國變成了合作夥伴。」

4. 中國支持北韓將戰略重點轉向經濟建設，因為中國一直擔心北韓的經濟崩潰，希望北韓集中力量發展經濟。

5. 中國希望透過中國在美國與北韓之間的斡旋，改善與美國的關係。

二、中國與北韓在建立區域和平制度問題上的矛盾

中國對《板門店宣言》不滿，因為該宣言包括了建立朝鮮半島和平機制的三方會談，但卻把中國排除在外。根據北韓中央通訊社所公告之《板門店宣言》相關條款，[34]指出「南北雙方同意在今年《停戰協定》簽訂 65 週年之際宣布戰爭結束，以和平協議取代《停戰協定》，並積極推動舉行**南北韓及美國三方會談**或南北韓中美四方會談，以建立長久的和平機制。」目前還不清楚是北韓還是南韓堅持三方會談，但重要的是，北韓並沒有反對將三方會談寫入宣言。南北韓高峰會後，中國立即派外交部長王毅前往平壤。2018 年 5 月 2 日，王毅先生便與同行的北韓外長李容浩見面。根據中國國家通訊社新華社報導，李容浩表示，「北韓將與中國針對如何實現朝鮮半島無核化和建立和平機制保持密切溝通，同時加強與有關各方的對話」，[35]

---

[34] "Panmunjom Declaration on Peace, Prosperity and Reunification of Korean Peninsula," *KCNA*, April 28, 2018, https://kcnawatch.org/?s=Panmunjom+Declaration+on+Peace%2C+Prosperity+and+Reunification+of+Korean+Peninsula.

[35] "Wang Yi tong Chaoxian waixiang Li Yonghao juxing huitan," *Xinhua*, May 3, 2018, http://www.gov.cn/guowuyuan/2018-05/03/content_5287559.htm (accessed September 10, 2020).

然而北韓中央通訊社沒有提到任何關於和平機制的內容。[36]外長會議後，金正恩於 5 月 7 日突然造訪大連。

如上所述，在大連第二次高峰會上，習近平強調，「中方願意繼續與相關各方一同努力，並扮演全面推動透過對話和平解決朝鮮半島問題的進程，實現本區域長期和平與穩定的積極角色。」[37]金正恩似乎接受了中國的角色，在 6 月第三次高峰會上，他表示「將與中國同志緊密合作，在歷史長征中一同保衛社會主義，並開創朝鮮半島和區域的新未來。」[38]

三、五次高峰會後之正面成果與未達成目標為何？

中國與北韓兩國分別有各自改善兩國關係的因素，但在中國與北韓五次高峰會中，這些因素在達成成果的程度有多高？

（一）達成了哪些成果？

對北韓而言，首先，北韓成功避免了像 2017 年那樣美中聯合對北韓施壓的局面；其次，北韓得到中國對安全和經濟支援的承諾；第三，2021 年到期的《中朝友好合作互助條約》幾乎確定會延續下

---

[36] "Talks between DPRK and Chinese Foreign Ministers Held," *KCNA*, May 3, 2018, https://kcnawatch.org/newstream/1525300264-201091356/talks-between-dprk-and-chinese-foreign-ministers-held/.

[37] "Xi Jinping, Kim Jong Un hold talks in Dalian," *the People's Daily*, May 9, 2018, http://en.people.cn/n3/2018/0509/c90000-9457811-2.html (accessed August 29, 2020).

[38] "Kim Jong Un Visits China," *KCNA*, June 20, 2018, https://kcnawatch.org/newstream/1529488831-722055272/kim-jong-un-visits-china/.

去，因為 2019 年中共政治局委員胡春華出席了慶祝條約簽署 58 週年的宴會。[39] 對中國而言，首先是北韓接受和平解決朝鮮半島問題，包括無核化在內，其次是中國恢復其對北韓及朝鮮半島問題的影響力，最後則是北韓改變其戰略路線，集中力量進行經濟建設。

（二）沒有達成哪些目標？

對北韓而言，包括消除美國對北韓的威脅、解除聯合國對北韓的制裁、獨立不受中國影響等；美國與北韓談判破裂使北韓更加依賴中國，畢竟，安全和經濟困境仍持續存在。至於對中國而言，尚待解決者包括北韓無核化、政治解決朝鮮半島問題、改善中美關係等。大體言之，中國無法在美國與北韓之間發揮有效的中間角色，無法實現無核化，這說明中國對北韓的影響很有限。區域局勢仍然不穩定。

肆、討論與結論

如同第壹部分所提及，2017 年中國與北韓之間的媒體爭論，顯示兩國的關係從來就不算「歃血為盟」，而是一種互不信任的冷淡關係。中國反對北韓的核子計畫，因其侵害中國的安全環境，而中國則希望北韓繼續作為其緩衝國，並能在建立區域秩序中扮演重要角色。中國對北韓的不信任感太強烈，以至於中國認為北韓不是一個正常國

---

[39] Zhao Tong, "Chinese vice premier stresses friendly communication, pragmatic cooperation with DPRK," *The People's Daily*, July 12, 2019, http://en.people.cn/n3/2019/0712/c90000-9596636.html (accessed September 5, 2020).

家，中國半官方媒體甚至提到了中國與北韓之間可能的軍事對抗。另一方面，北韓認爲中國一再侵犯北韓的戰略利益，因爲中國承認南韓爲國家。北韓對核武的執著，似乎反映出北韓不僅想與美國競爭，而且想獨立不受中國影響。北韓對中國的不信任感也非常深。

2018 年以來，中國與北韓關係得到迅速改善。如同第貳部分所述，北韓方面改善對中關係的因素，是想藉由造成中美之間的不合，以加強北韓與美國的談判地位，並從中方獲得經濟和安全支持。中國方面的因素，則是想透過實現北韓無核化，以加強中國對北韓的影響力，並在建立區域秩序方面扮演重要角色。

雖然中國與北韓五次高峰會使兩國關係得到了很大改善，但有很多事情即使兩國想努力達成也沒辦法實現。而從他們無法達成的目標中，我們能解讀出他們關係改善的限制如下：

北韓無法達成消除美國的威脅，未能解除聯合國對北韓的制裁。即使在與美國的無核化談判中遇到了麻煩，北韓也沒有選擇無核化，並且完全依賴中國來保障自己的安全。這也說明，北韓仍在尋求獨立不受中國影響之道。第四次高峰會之後，只有北韓中央通訊社報導，最高領導人「對兩國政黨及政府在對外關係中，其所保留的獨立立場表示，相互理解、支持和團結」，《人民日報》沒有提到這部分內容。這可能反映出北韓強烈希望能獨立不受中國影響，而北韓對中國仍有很深的不信任感。另一方面，中國無法達成北韓無核化的目標。即使與北韓的關係有所改善，中國也沒有主動試著去解除聯合國對北韓的制裁。因爲北韓的核武庫會嚴重損害中國的國家利益，除非北韓無核化，否則中國不願意解除制裁。中國對北韓也有強烈的不信任感。北韓沒有反對《板門店宣言》中排除中國參與建立區域和平機制三方會談的說法，也讓中國極爲不滿，這似乎進一步加深了中國對北韓的不信任感。

這些事實都顯示出中國與北韓關係改善的限制：北韓不會做出有損其「獨立地位」的讓步；中國不會允許北韓獲得有損中國安全的核子武器。而這些都是基於對對方的不信任感。

總而言之，中國─北韓關係的改善只是爲了確保各自的國家利益，兩者之間仍然存在著強烈的不信任感。很難說透過五次高峰會，就已經能建立起強大的互信關係。因此，要是今後朝鮮半島局勢發生變化，雙方關係也會迅速產生變化。

第九章
習近平的北韓戰略：合理性與實用性之平衡

金龍淳*

---

* 延世大學政治外交系博士。現任延世大學國際學大學院兼任教授、中國研究院高級研究員。曾任延世大學東西問題研究院研究教授、慶南大學韓半島項目開發研究所研究室長。研究領域爲北韓政治與外交。

壹、中國對北韓政策概述

　　習近平以所謂「中國夢」宣告著中華民族偉大復興，並且主張大國外交，其中包含使其國內迅速發展經濟、科學和技術的「中國製造2025」（Made In China 2025, MIC2025）計畫，還有將歐亞地區連結成為單一經濟區的「帶路倡議」（Belt and Road Initiative, BRI）。重點是為了改革中國的大國外交，所謂的新型大國關係，優先考量與鄰國的關係，原則是真誠友好、平等互惠，以及相互包容，亞洲命運共同體，以及亞洲新安全觀。在這些基本外交政策指令下，中華人民共和國設定了短期和中長期目標，以創造有利現代化的國際環境，保護和拓展其戰略國家利益的規模和空間，並強化其國際影響力。中國傾向積極參與國際事務以及強化未來國際合作，在扮演一個負責任大國的同時開拓和發展其國家利益。[1]

　　中共歷來用「血盟關係」和「唇亡齒寒」來形容與朝鮮人民共和國（Democratic People's Republic of Korea, DPRK）的關係。兩國的特殊情誼始於1920年間的聯合抗日，並延續到中國內戰、韓戰、《中朝友好合作互助條約》，直至冷戰時期。然而，這種特殊關係隨著中國改革開放和美中建交開始變得緊張，並隨著冷戰結束逐漸動搖，這也包含了中國與大韓民國（Republic of Korea, ROK）的外交關係。之後一連串的事件，包含北韓退出《禁核擴散條約》、金日成逝

---

[1]　Men, Honghua, *The Logic of China-World Relationship: Theory, Strategy and Policy Applications* (Beijing: Peking University Press, 2016), pp. 199-205.

世，以及北韓的核武試爆，中國和北韓之間充滿不信任和敵意，完全無法將他們形容為盟友。由於地緣政治的變化，使得中國對於中朝關係的外交政策必須轉變。這是因為受到了中美建交、社會主義集團垮臺、冷戰的結束、中韓建交，以及核武試爆等事件的影響。特別是中國一直在重新評估北韓的戰略價值，並且隨時準備在中美關係惡化時，強化或修復中朝關係。這顯示了中朝關係一直被作為對抗美國的手段。

中國將北韓當作物理戰略緩衝區，並將朝鮮半島視為「戰略中心及其國家利益的一部分」。中國充分利用作為其戰略資產的北韓，一方面與北韓維持傳統的友善關係，另一方面和南韓合作，以此對朝鮮半島發揮影響力。儘管朝鮮半島的無核化問題可能會使北韓成為中國的戰略負擔，但為了使資產利益最大化，中國希望能夠長期穩定北韓作為親中體系的一部分。中國目前的朝鮮半島政策主要遵循三大原則，包含了維持朝鮮半島的和平與穩定、半島無核化，以及透過對談和協商等和平手段來維持現狀。[2]有鑑於此，中國的對朝戰略不僅是建立在雙邊關係之上，同時也建立在北韓政權的穩定及無核化之上，這是其大國外交以及朝鮮半島政策戰略資產的一部分。

中國的東北亞大戰略希望能夠穩定地維持與南北韓的關係，因此

---

2 傳統上，中國一直強調朝鮮半島的和平穩定是關乎自身安全的重要利益。其戰略目標是將朝鮮半島的安全局勢從動盪轉向穩定。因此，為了達成其戰略目標，中國持續在政治經濟以及外交上施加影響力以轉變區域的安全現狀。Han, Sukee and Yongsoon Kim, "China's Status-Quo-Plus Policy toward the Korean Peninsula and Its Implications," *East and West Studies*, 25: 2 (2013), pp. 155-157.

保持對朝鮮半島的影響力是關鍵。中國的朝鮮半島戰略是建立在「中國對朝鮮半島影響力的支持與否」。[3]中國對北韓戰略可以概括爲維持影響力及擴張影響力。[4]然而，在北韓進行核武試爆後，中國十分擔憂該如何最好地管理其戰略資產。這引發了爭議，該維持或是解除同盟，又或者，繼續保持特殊關係還是轉爲正常關係。不論如何，這個爭議並沒有積極地反映在北韓政策，因爲最後注意力都集中在中國表面上的官方辭令以及對北韓的行動，或是反思是否有任何一廂情願的錯覺或是偏見。這項研究所分析的平衡合理性與實用性的策略性工作，展現了中國的外交顧慮，是否要作爲一個國際社會中的世界強權而加入制裁北韓的行列，又或者，該促進以及強化與北韓之間的雙邊關係。

　　目前，中國對北韓的外交戰略上著重於兩個領域。首先是關於朝鮮半島的無核化、北韓的核武議題，以及對於北韓的制裁；第二是中

3　時殷弘，〈中國的東北亞難題：中日中韓中朝關係的戰略安全形勢〉，《國際安全研究》，第 1 期（2018 年），http://www.dunjiaodu.com/daguo/2018-02-03/2494.html。

4　儘管中國政府從未明確說明其北韓戰略，但他們提到了八項朝鮮半島的平衡原則。石源華指出，中國政府應持續強調的八項平衡原則是：朝鮮半島的無核化以及朝鮮半島的穩定；北韓核武議題的管理以及朝鮮半島的事務；中國的北韓戰略以及對南韓和美國戰略；對美國的新型大國關係以及中朝間的傳統友誼；中朝關係以及中韓關係；北韓無核化以及北韓經濟合作；六方會談以及中朝峰會和兩韓峰會；對北韓禁核擴散以及對他國禁核擴散。請見石源華於「中國對朝政策需要新思路」的演講，發表於復旦大學研究生院、國際問題研究院，以及韓國研究中心，共同於 6 月 13 日至 15 日在復旦大學舉行的第 10 屆中國韓國學博士生論壇，http://www.iaps.sdu.edu.cn/info/1011/1074.htm。然而，最重要的是，這些平衡原則都必須要在中國影響力下才有可能實行。

朝雙邊關係，也就是強化和維持雙邊關係的經濟合作。如前所述，中國的外交顧慮在這兩個議題中十分明顯；無論中國在這些議題上的策略是基於外交的合理性或是實用性並不重要。這項研究旨在調查中國是為何以及如何管理這些外交的棘手領域。

這些外交上的顧慮不只有在習近平時期發生，在胡錦濤時期也出現過。從 1993 年第一次北韓核武危機到胡錦濤上任初期，中國相信北韓「既無能力也無意願發展核武」的宣稱，[5]並忽略了北韓發展核武的可能性。儘管在胡錦濤上任後，北韓發展核武的可能性有稍微得到關注，但中國仍然持續表現消極被動。中國不斷強調與北韓的傳統友誼和合作，並且積極地反對在原油、食物供給以及私營部門交易等公共福利領域制裁北韓。中國更大力自稱是北韓的保護者。中國也強調不會干涉他國國內事務，尊重主權，以及相關國家之間的對話，特別是北韓與美國之間。

然而，2006 年 10 月，第一次的北韓核武試爆震驚了北京，不僅僅是因為核武試爆本身，更因為北韓並未事先與北京協商。這使北京採取了強硬的外交立場，並針對北韓核武發展的情況發出了以下的評論和質疑：北韓發展核武的目標為何？發展核武是目標還是手段？中國的目標應該是朝鮮半島無核化還是區域和平？六方會談的目標是使北韓放棄核武還是選擇區域穩定？即便批評不斷，胡錦濤政府對於制

5　Oberdorfer, Don and T. R. Reid, "North Korea Issues Demand for Mutual Nuclear Inspections," *Washington Post*, June 21, 1991.

裁北韓仍然十分消極，優先選擇促進與北韓之間的雙邊關係，在北韓核武議題上持續扮演旁觀者。在 2009 年的第二次北韓核武試爆後，中國決定將「北韓議題」與「北韓核武議題」區分，為北韓的政治穩定以及在金正日健康日益惡化後的繼任者問題做準備。隨著 2013 年 2 月北韓第三次的核武試爆，中國進入了習近平時期，對朝戰略也逐漸改變。

貳、習近平的半島無核化戰略：從執行者退回保護者

北韓於 2013 年 2 月 12 日執行第三次核武試爆，趕在第 12 屆全國人民代表大會舉行前進行，第 12 屆全國人大會議同時也是中國第五代領導人習近平預計正式就任的時間，中國立即投票支持聯合國安理會第 2094 號決議案。中國四大銀行（中國銀行、中國建設銀行、中國工商銀行、中國農業銀行）立即關閉了北韓帳戶，並宣布禁止輸出北韓。中國首次進行了反對北韓核武試爆的輿論行動，值得注意的是，《人民日報》在評論中直接抨擊北韓，指出：「北韓有 100 種加強軍備、科學和科技的理由，並且對其國家安全能夠有合理的顧慮。但無論如何，都沒有理由執行核武試爆以及發射違反相關聯合國安理會決議案的彈道飛彈技術。北韓對於半島緊張局勢不斷上演且升級有不可迴避的責任。」[6]中國過去的立場（為了不激怒北韓而持續稱呼

6　〈半島問題：給四國說四句話〉，《人民日報》，2013 年 4 月 10 日，http://opinion.haiwainet.cn/BIG5/n/2013/0410/c232601-18433281.html。時常出現在

其為「有關政黨」）有了180度轉變。習近平政府為了對北韓施壓，甚至採取了軍事措施，透過加強軍演來應對雙方之間潛在的武裝衝突，並對北韓核武試爆後可能的核輻射污染做好準備。

　　中國商務部公告了幾項針對北韓的重大制裁措施，以配合聯合國安理會的決議案（見表9.1）。自北韓第一次的核武試爆後，安理會共計通過了10項決議案，對北韓進行經濟制裁，其中排除了7項關於專家小組任期的決議。自2016年開始，制裁的重點已經從控制大規模殺傷性武器的運輸轉變為破壞整體經濟。在第2270號決議案前，制裁都與核武或大規模殺傷性武器有關，並不會直接影響北韓人民的生活。然而，在第2270號決議案後，制裁針對的是整體的經濟。因此，中國在第2016年4月宣布，除了以民生用途外，禁止從北韓輸入無煙煤，並且在2017年8月宣布禁止輸入煤、鐵、鉛，以及海鮮。中國還在2017年9月禁止對北韓輸出石油製品並且禁止輸入所有紡織品。

　　透過施壓及制裁，中國試圖將北韓帶回六方會談的談判桌上。在第一次核武試爆後，2013年7月，由副主席李源潮所帶領的中國共產黨代表團前往訪問北韓，將習近平總理的親筆信遞交金正恩，並尋求對六方會談的支持。自那時起，朝鮮半島事務特別代表武大偉、

　　《人民日報》上的華益文，經常發表關於中國共產黨黨中央對外聯絡部或是外交部立場的言論，並不是真實人物，而是代表著「對中國有利的文章」。因此，這篇文章是一則反映著習近平意志的對北韓警告。使用化名的原因是為了要傳達訊息同時避免外交摩擦。這是一個避免政府部門或是真實人物因公開批評他國而產生副作用的工作。類似的筆名還有鐘聲、任仲平（代表人民日報的重要評論），以及仲祖文（中共中央組織文章）。

表 9.1 中國政府針對聯合國安理會北韓制裁決議之正式公告

聯合國決議	中國商務部公告
2270 （2016/3/2）	・商務部海關總署公告 2016 年第 11 號關於對朝鮮禁運部分礦產品清單公告（2016/4/5） ・商務部工業和信息化部國家原子能機構海關總署公告 2016 年第 22 號關於增列禁止向朝鮮出口的兩用物項和技術清單公告（2016/6/14）
2321 （2016/11/30）	・商務部海關總署公告 2016 年第 75 號關於 2016 年 12 月 31 日前暫停自朝鮮進口煤炭的公告（2016/12/9） ・商務部海關總署公告 2017 年第 12 號（2017/2/18）
2371 （2017/8/5）	・商務部海關總署公告 2017 年第 40 號關於執行聯合國安理會第 2371 號決議的公告（2017/8/14） ・商務部公告 2017 年第 47 號關於執行聯合國安理會第 2371 號決議禁止同朝鮮新設合資合作企業和追加合資企業投資的公告（2017/8/25）
2375 （2017/9/11）	・商務部海關總署公告 2017 年第 52 號關於執行聯合國安理會第 2375 號決議的公告（2017/9/22） ・商務部工商總局關於執行聯合國安理會第 2375 號決議關閉涉朝企業的公告（2017/9/28）
2397 （2017/12/22）	・商務部海關總署公告 2018 年第 4 號關於執行聯合國安理會第 2397 號決議的公告（2018/1/5）

外交部副部長劉振民，以及中央政治局常務劉雲山等接連訪問了北韓。朝鮮人民軍總政治局局長崔龍海、朝鮮勞動黨（Korean Worker's Party, KWP）中央委員會副委員長李洙墉、外務省副相崔善姬，以及朝鮮勞動黨國際部部長金成男，也數次訪問中國，維護雙邊關係。

儘管中國做出努力，北韓還是凍結了雙邊關係，並在 2013 年 12

月處決了中國專家並爲金正恩姑丈的張成澤。核武和導彈的開發持續進行。北韓對於習近平政府態度的反應是「疏遠」和「不尊重」，並且在 2015 年 5 月發射了 KN-11 潛射彈道導彈，以及在 2016 年的 1 月和 9 月進行了第四次和第五次的核武試爆。北韓中央通訊社一篇由 Jong Phill 撰寫的文章中宣稱「中國將自己塑造成大國，隨著美國起舞的同時，用並非針對北韓人民的民生，而是爲了要遏止北韓的核武計畫，這樣的藉口來爲其卑鄙行爲辯護。」[7] 中國中央對外聯絡部部長宋濤在北韓第六次核武試爆以及中國第 19 屆代表大會不久後訪問平壤，而主席金正恩甚至沒有與之會面。

　　習近平第一任期的對朝政策是以國際規範來對平壤施壓，從原則上遏止北韓的核武試爆。自習近平上任開始，習近平政府採取了較以往更爲強硬的措施，例如公眾輿論以及軍事施壓，來降低北韓使用核武的意願。然而，習近平總理仍然想要維持與北韓的親近盟友關係，並且持續進行經濟合作和人力資源交換，中國並未全面施壓。

　　2018 年，對話及和解的氛圍在南北兩韓和美國之間迅速發展。這是由於 2018 年 3 月，文在寅總統、國家安保室室長鄭義溶，以及國家情報院院長徐薰在平昌奧運短暫訪問平壤後，接著訪問華盛頓。隨著金正恩與川普（Donald Trump）總統的會面，緊接著南北兩韓在

---

[7]　"Neighboring Country's Mean Behavior," *KCNA*, February 23, 2017, https://kcnawatch.org/newstream/269994/neighboring-countrys-mean-behavior-written-by-jong-phil/; The North's response continued via KCNA, "Are You Good at Dancing to the Tune of Others," *KCNA*, April 21, 2017, http://kcna.co.jp/item/2017/201704/news21/20170421-27ee.html.

2018 年 4 月 27 日首次舉行峰會，中國在朝鮮半島被孤立的現象，即「中國過境」一詞開始在中國出現。自就任以來，習近平政府被迫要與金正恩政權維持冷靜期。這為北韓施加了壓力，並且透過文在寅政府的終端高空防禦飛彈系統（Terminal High Altitude Area Defense, THAAD）部署困境，持續與南韓發生衝突。中國不得不努力維持在朝鮮半島的影響力，最終導致了與北韓戰略同盟的強化，以維護其在朝鮮半島上的傳統利益。習近平政府必須停止現行的施壓政策，並且隨著意欲對談的氛圍，將重點放在北韓上。因此，習近平總理突然邀請金正恩，在 3 月 25 日，也就是首次南北韓高峰會的一個月前，來訪北京進行首次會談，並在接下來約 15 個月中舉行了五次會面，直到 2019 年 6 月。南北韓高峰會由於平昌奧運的連結決定繼續舉行，美朝峰會也將由南韓的外交協調人員居中協調。與此同時，自 2013 年開始進入冷靜期的中朝關係受到刺激，雙方關係迅速改善。

　　傳統上，中朝關係一直以來都是透過雙方領導人定期訪問來表現其獨特的合作關係。[8]然而，自從前任中國總理楊尚昆在中朝雙方建交前，於 1992 年 4 月訪問北韓後，兩國領導人之間的外交訪問便暫停了好長一段時間。除了金日成於 1991 年 10 月最後一次訪問中國之

8　兩國領導人互訪是在 1958 年簽署《中朝領導人互訪協議》通過後訂定。然而矛盾的是，這項祕密協議是根據兩國的歷史經驗以及相互不信任之下而產生。在 1956 年 8 月，中國朝鮮派系的延安派從北韓權力核心被清除後，中國失去了對北韓的人脈，因此中國開始尋求新方法以將兩國的峰會制度化，並建立雙方領導人直接對談的機制。Choi, Myeong-hae, *PRC-DPRK Alliance: History of Uncomfortable Cohabitation* (Seoul: Orum, 2009), pp. 105-109.

外，北韓幾乎不曾再訪問中國，但最高人民會議常任委員長金永南，曾於 1999 年 6 月訪問中國。無論如何，在金正日於 2000 年 5 月以及 2001 年 6 月訪問中國，而江澤民總理也於 2001 年 9 月回訪後，兩國之間的峰會終於得以恢復。在那時，江澤民是 11 年來首位訪問平壤的中國總理。

在國際社會上，雙邊會議積極地透過多邊國際組織舉行。然而，中朝峰會除了互訪外別無選擇，這點非常重要。事實上，像金日正時期那樣的定期互訪已經長年不再舉行，撇除最近的個案，這意味著雙方關係已不如以往。儘管在 2002 年北韓核武危機後，峰會本身是有象徵意義的，但隨著中朝峰會已被作為中國援助北韓的渠道，峰會的縮小也意味著對北韓援助的減少。

在 2019 年，過去兩國間大幅下降的戰略互信，隨著兩國領導人為了紀念中朝建交 70 週年而互訪，逐漸開始修復了。北韓領導人金正恩首次訪問中國。習近平總理為了修復雙方傳統友誼也突訪北韓，自胡景濤於 2005 年訪問北韓以來，過去雙方的關係已經進入 14 年的冷靜期。中國展現了強硬的態度，表達對終結南北兩韓、美國以及中國之間戰爭的堅持，並對北韓和美國主導的無核化協商表示不滿。然而，中國在 2019 年 1 月第四次的中朝峰會後改變了方向，表現出更保守的態度，並堅持「要求與北韓進行無核協商，並透過多邊協議實施無核化」。

　　隨後在 2019 年 6 月的 G20 峰會上，[9]中國總理習近平敦請美國總統川普對北韓採取彈性的行動，在適當時機放鬆制裁，並透過對話解決問題。自那時起，中國和俄羅斯開始保護北韓，要求聯合國安理會放鬆對北韓制裁，並分別透過準備回彈條款以及規劃放鬆制裁來改善朝鮮半島的局勢。由於朝鮮半島局勢的變化、南北韓高峰會以及美朝無核化會談，導致了中國與北韓的關係突飛猛進，也使得中國在貿易戰中的對美策略展現自負的心態。中國的目標是透過強化中朝關係來穩定管理戰略資產，以及控制美國在朝鮮半島議題上的單邊主義，也因此可以推斷出中國突然開始修復與北韓的盟友關係，但北韓無核化卻沒有任何實質進展的原因。整體而言，習近平總理第一任期的對朝策略可以被視爲施加壓力的執行者或是裁判，至於第二任期則可以被認爲是一位具同情心的擁護者。

參、習近平強化中朝關係之戰略：經濟合作及其他

　　儘管進行了制裁，中國還是依據兩國需求而進行了經濟合作。然而中國的投資決定只考量自身的經濟利益，並未將北韓納入考慮。中國開發北韓資源的意圖十分明顯，早在習近平政府之前，中國就已經開始投資開發北韓的地下礦產資源。在習近平政府就任後，更是大舉

9　2019 年 6 月 30 日的 G20 峰會後，川普總統與金正恩主席在板門店的停戰村會面近一小時，接著他跨越了朝韓軍事分界線，成爲第一位踏上北韓土地的在職總統。文在寅總統也參與了會晤，這是自《朝鮮停戰協議》簽署 66 年以來，首次的美朝韓領導會議。

進入北韓的金融、石油、電力以及服務業，並冒著違反國際規範的風險繼續提供經濟援助以及與北韓進行貿易。在胡錦濤總理時期，雙邊的貿易逐年成長，從 2011 年的 62.4% 成長至超過 56 億美元。在習近平政府初期，雙邊貿易額在 2013 年爲 65.5 億美元，並在 2014 年達到 68.6 億美元。自 2013 年制裁加緊以來，中國在北韓國際貿易所占份額穩定上升。2007 年至 2009 年間，中國在北韓的貿易份額中平均占比約 70%，在 2018 年中則增長了 90%（見表 9.2）。北韓的貿易長年以來高度倚賴中國，特別是在習近平時期。

表 9.2　中朝貿易額以及中國占北韓貿易份額

| 中國總理 | 年份 | 貿易額（美元千元） | | | 年增率（%）[a] | 中國占比（%）[b] |
		北韓出口至中國	北韓由中國輸入	總額		
江澤民	2000	37,214	450,824	488,038	-	25
	2001	166,797	570,660	737,457	51.11	32
	2002	270,685	467,309	737,994	0.07	33
胡錦濤	2003	395,344	627,583	1,022,927	38.61	43
	2004	585,703	799,503	1,385,206	35.42	48
	2005	499,157	1,081,184	1,580,341	14.09	53
	2006	467,718	1,231,886	1,699,604	7.55	57
	2007	581,521	1,392,453	1,973,974	16.14	67
	2008	754,046	2,033,233	2,787,279	41.20	73
	2009	793,048	1,887,686	2,680,734	-3.82	79
	2010	1,187,861	2,277,816	3,465,677	29.28	83

表 9.2　中朝貿易額以及中國占北韓貿易份額（續）

中國總理	年份	貿易額（美元千元）			年增率 (%) [a]	中國占比 (%) [b]
		北韓出口至中國	北韓由中國輸入	總額		
	2011	2,464,188	3,165,181	5,629,369	62.43	89
	2012	2,484,699	3,527,843	6,012,542	6.81	88
習近平	2013	2,913,624	3,632,909	6,546,533	8.88	89
	2014	2,841,476	4,022,515	6,863,991	4.85	90
	2015	2,483,944	3,226,464	5,710,408	-16.81	91
	2016	2,634,402	3,422,035	6,056,437	6.06	93
	2017	1,650,663	3,608,031	5,258,694	-13.17	95
	2018	194,624	2,528,316	2,722,940	-48.22	96
	2019	215,197	2,883,570	3,098,768	13.80	-

a. 年度增減
b. 排除朝韓貿易額後比例
資料來源：North Korea in the World, https://www.northkoreaintheworld.org/china-dprk/.[10]

　　同時，作為中國在 2003 年提出的振興東北戰略的一部分，從胡錦濤到習近平，中國一直保持著與北韓之間的時間表。儘管因為制裁的原因，中韓邊境的基礎建設預計將會暫停，但因中國頻繁地使

---

[10] 「世界上的北韓」（North Korea in the World）是一項東西中心（East-West Center, EWC）和朝鮮國家委員會（National Committee on North Korea, NCNK）合作的計畫。資料來自大韓貿易投資促進局（Korea Trade-Investment Promotion Agency, KOTRA），其中也調整了中國對北韓未申報的原油出口。2019 年的數據來自中國海關，而中國對北韓未申報的原油出口則由作者自行預估。還使用了 KOTRA 的數據來計算中國貨物貿易在北韓貿易額中所占的份額，利用大韓民國統一部提供的數據，開城工業區的兩韓貿易額的調整量也包含其中。

用豁免權，建設並未中斷。例如 2015 年 11 月完工的新鴨綠江大橋以及 2016 年 10 月完工的川和邊境大橋。在長吉圖開發計畫（長春－吉林－圖們開發計畫 2009-2020, CDP）的早期階段，僅有 1 條鐵路及 7 條公路沿著圖們江連接兩國。長吉圖計畫透過一核兩軸的交通基礎建設計畫彌補了這個欠缺，連接了兩河的對岸。這項計畫包含了 14 項基礎建設，包括公路、鐵路、橋樑，以及通往北韓的羅津港和清津港的貿易區。在這些項目中，貿易區內共有 3 條高速公路建設計畫、5 條鐵路建設和更新計畫，以及 6 座橋樑建設計畫。[11]當 CDP 完工，中國東北、北韓以及俄羅斯和蒙古將會由 13 條跨國公路所連接。由於公路網的拓展，許多旅遊路線正在被開發，從外部和內部連接到長吉圖區域。這些新的公路和鐵路網將有望促進投資、人民交流、文化交流以及旅遊業。[12]

特別是中國至北韓的旅遊業已經成為中朝關係中的代表性合作，旅遊業本被預測會因為在更嚴格的制裁之下而交通受限、付款限制

---

[11] Lin, Iinshu, "The Issue about Economic Cooperation among Changchun-Jilin-Tumen Pilot Zone, Luoxian Special City and the Russian Far East," *KINU Policy Research 11-02*, 2011, pp. 23-24, http://www.kinu.or.kr/pyxis-api/1/digital-files/5e5e40d7-1918-4b0e-b890-d89b8d7017ec.

[12] 「東北振興戰略」擴大了北韓的運輸及物流基礎設施，在經濟以及軍事層面都具有非常重要的意義。這是因為運輸基礎建設可以作為中國部隊在緊急時刻進入朝鮮半島的途徑。尤其是中國繼 2008 年取得納津港的使用權後，又在 2010 年取得清津港的使用權，完成了「借港出海」戰略。取得納津和清津港口使用權後，中國不僅能夠停靠客船和貨船，還能夠利用保護貨船的理由召集軍艦。中國進入了東海，得到能對美軍和日軍做出反應的立足點。在北韓突然產生變化的時刻，中國能夠立刻透過納津港進入北韓，最遠能夠將兵力投射至東海。

而受到傷害，但結果卻與人們所預測的相反。針對北韓的國際制裁禁止了有可能被用於軍事以及大量現金運輸的交通，但旅遊業卻不受影響，因為它使用了北韓籍的飛機以及火車前往北韓，並且是由旅客個別支付費用。[13]另外，第 2397 號決議案要求在 2019 年 12 月 22 日前遣返北韓籍工作者，但根據調查顯示，仍有 16,000 名北韓籍工作者滯留於中國。[14]甚至，還發現了北韓工作者重新以合法工作者和交換學生身分重新進入中國。[15]

北韓經濟對中國的依賴日漸增強，其日益脆弱的經濟同時也增加了中國在政治以及經濟層面對北韓的影響力。James Reilly 指出，中國與北韓合作的動機在於「變化影響力」。[16]指的是意圖影響小國的大國，刻意以經濟資源造成經濟依賴，對小國造成三種變化：制度同化、深化合作、行為和意識形態改變。儘管如此，這對中國而言並不輕鬆，即便對北韓有影響力，但為了其國家利益，中國認為必須透過

---

[13] 雖然沒有確切的發表數據，但 2019 年北韓的中國遊客預估在 24 萬到 27 萬之間，較 2018 年上升了 30% 至 50%。假設中國遊客每人的旅遊收入約 400 美元，則旅遊業總收入大約在 9,600 萬美元至 1 億 800 萬美元之間。〈「韓國遊」在中國悄然升溫〉，《環球時報》，2019 年 7 月 16 日，https://world.huanqiu.com/article/9CaKrnKlyrg（瀏覽日期：2020 年 2 月 10 日）。

[14] "China is in trouble with U.S. sanctions...'North Korean workers gather again'," *Yonhap News*, January 15, 2020, https://www.yna.co.kr/view/AKR20200115068700083?input=1195m.

[15] "100,000 North Korean workers in China...avoidance of repatriation due to trainees and hardships," *Yonhap News*, December 22, 2019, https://www.yna.co.kr/view/AKR20191222026100073?input=1195m.

[16] Reilly, James, "China's Market Influence in North Korea," *Asian Survey*, 54: 5 (2014), pp. 896-899, https://doi.org/10.1525/as.2014.54.5.894.

維持北韓政權以在朝鮮半島上建立一個緩衝區，才能夠真正利用其影響力來改變北韓。中國對北韓的經濟援助與無核化政策絕不會脫鉤。倒不如說經濟合作是一項輔助無核化政策，以維持和加強對北韓影響力的政策。

肆、結論：合理性和實用性平衡之困境

　　從胡錦濤時期一直延續至習近平時期的中朝之間活躍的經濟合作，使北韓經濟高度倚賴中國，從而加強了中國對平壤的影響力。在北韓因無核化議題而受到國際制裁時，是中國的經濟合作幫助推動了北韓經濟。因此，中國的經濟合作——即實用性，和無核化策略——合理性，對北韓而言並非無關或矛盾。事實上，他們是中國的北韓戰略支柱，也是一項透過相互支持輔助來維持和強化對北韓影響力的政策（見圖 9.1）。習近平政府就任後將重點放在合理性上，因為在第五次北韓核武試爆後，以美國為首的國際制裁更加嚴格，對北韓的經濟合作變得十分困難。由於美中貿易戰導致了兩國關係轉變，中國不斷呼籲放鬆對北韓制裁以便重新評估其戰略資產。在傳統友誼和軍事安全削弱的情況下，中國利用經濟合作將北韓納入傳統的盟友體系中。

　　隨著中美競爭加劇，中國將會在制裁北韓和與北韓進行經濟合作之間實施更具技巧性的雙向戰略。因此，中朝之間的經濟合作很有可能將會持續。同樣地，隨著北韓戰略資產的價值無可避免地上升，

中國與北韓的來往將會增強。這會使得北韓的核武議題，也就是朝鮮半島的無核化更難以解決。只要核武議題未得到解決，在維持朝鮮半島現狀的政策之下，中國對北韓戰略的合理性和實用性交替出現的情況就會持續發生，從而降低其實用價值。儘管如此，在從根本上解決北韓的核武困境前，中國別無選擇只能繼續在合理性和實用性之間來回拉扯，並且經常和暫時性地調整北韓戰略。從某種意義上來說，這表明了中國對於北韓無核化的底線思維必將隨著時間流逝而降低。底線思維是中國在維護其國家利益的一種概念，諸如主權、領土、政治

圖 9.1　習近平對北韓戰略：合理性和實用性之戰略平衡

體系、安全保障以及雙邊和多邊關係等，就是中國無法屈服的底線和原則。自從 2012 年 11 月 8 日到 14 日舉行的第 18 屆全國人代大會以來，習近平數次強調中國「必須好好利用底線思維的方法，做好最壞的準備，嘗試得到最好的結果」。[17]

在習近平帶領下，中朝關係進入了新的聯盟關係，就如同毛澤東和金日成時期一樣。這可以用三個詞來解釋：「血盟關係」、「唇齒關係」、「一家人」。在中國，血盟意味著兩國之間在韓戰時期的特殊關係。2018 年 3 月，中朝首次在北京舉行峰會，習近平以血盟來描述與北韓的關係。[18]習近平首次與金正恩主席的會晤中，使用了這個象徵著兩國冷戰時期關係的詞，這一點十分重要。習近平在 2018 年 5 月於大連舉行的第二次峰會中指出，兩國關係是「無可撼動的唇齒關係」。[19]他的談話很有意義，因為那是金正恩上台後他首次提及中朝關係。2018 年 6 月的第三次峰會上，金正恩表示北韓將會「與中國同志緊密合作，作為歷史旅程上共同維護社會主義的一

---

[17] 「推行『友鄰外交』新特色，運用『底線思維』保障中國和平發展和統籌『六大板塊』和『印太平洋』新路徑」，石源華，〈中共十八大以來中國周邊外交的歷史性新進展〉，《中國周邊外交學刊》，第 1 期（2016 年），頁 43-44，http://www.cnki.com.cn/Article/CJFDTotal-ZBWJ201601003.htm。

[18] "Kim Jong-un 'Like the life of a friend in North Korea'...Si Jinping 'Blood Bonds'," *Yonhap News*, March 28, 2018, https://www.yna.co.kr/view/MYH20180 328009900038.

[19] "Kim Jung-eun 'We are one', Si Jinping 'Sunchi relationship'...Strengthening the Blood Pledge," *Yonhap News*, May 8, 2018, https://www.yna.co.kr/view/AKR20180508185100014.

家人，並開啓朝鮮半島和區域的新未來」。[20]在韓戰期間，人民解放軍（People's Liberation Army, PLA）和朝鮮人民軍（Korean People's Army, KPA）在 1950 年 12 月組成了聯合戰線──中國朝鮮聯合司令部，以提高對抗美國和聯合國司令部的效率。[21]金正恩重新使用了他的祖父金日成於冷戰高峰時在朝鮮半島所說的話。

除了南韓之外，美國和中國對於北韓的外交政策有最大的影響力。特別是中國長年來一直是北韓最重要的盟友，兩國的關係非常密切。正是中國的主導才使得北韓免於受到國際對北韓核武和人權議題的批評和制裁。如果沒有與中國貿易（占其貿易總額 90% 以上），北韓經濟或許早已崩潰。儘管北韓受到制裁，中國的經濟合作依舊持續。「血盟關係」、「唇齒關係」、「一家人」等詞語象徵著中朝關係的歷久不衰。但是這些詞語和中國的底線思維背道而馳，並且最終會深化中國在合理性和實用性之間抉擇的麻煩。北京為了達成在合理性和實用性之間戰略平衡的努力，導致了底線思維下降。無論影響中國對朝戰略的因素是什麼，包含中美關係和中朝關係，中國都不應忽視其戰略的改變將會造成其底線思維的持續下降。

---

[20] "Banquet Given in Welcome of Kim Jong Un's China Visit," *KCNA*, June 20, 2018, http://kcna.co.jp/item/2018/201806/news20/20180620-05ee.html.

[21] Suh, Sangmun, "Reargument of Sino-North Korea Combined Forces Command: the Background and Process of Establishment," *Military History*, 95 (2015), pp. 1-54.

國家圖書館出版品預行編目資料

中國新外交：台日韓三方比較視野／蔡東杰等著 ； 青山瑠妙，韓碩熙，蔡東杰主編. -- 初版. -- 臺北市：五南圖書出版股份有限公司，2021.11
面 ； 公分
ISBN 978-626-317-309-5（平裝）

1.中國外交 2.文集

574.18   110017526

1PSD

中國新外交：
台日韓三方比較視野

主　　　編 ― 青山瑠妙、韓碩熙、蔡東杰

作　　　者 ―（按撰寫章節排序）蔡東杰、青山瑠妙、
　　　　　　　游智偉、韓碩熙、傅澤民、潘欣欣、
　　　　　　　吳文欽、金東燦、佐藤考一、大嶋英一、
　　　　　　　金龍淳

發 行 人 ― 楊榮川

總 經 理 ― 楊士清

總 編 輯 ― 楊秀麗

副總編輯 ― 劉靜芬

責任編輯 ― 呂伊真

封面設計 ― 王麗娟

出 版 者 ― 五南圖書出版股份有限公司

地　　　址：106台北市大安區和平東路二段339號4樓

電　　　話：(02)2705-5066　　傳　　真：(02)2706-6100

網　　　址：https://www.wunan.com.tw

電子郵件：wunan@wunan.com.tw

劃撥帳號：01068953

戶　　　名：五南圖書出版股份有限公司

法律顧問　林勝安律師事務所　林勝安律師

出版日期　2021年11月初版一刷

定　　　價　新臺幣350元

經典永恆・名著常在

五十週年的獻禮 —— 經典名著文庫

五南，五十年了，半個世紀，人生旅程的一大半，走過來了。

思索著，邁向百年的未來歷程，能為知識界、文化學術界作些什麼？

在速食文化的生態下，有什麼值得讓人雋永品味的？

歷代經典・當今名著，經過時間的洗禮，千錘百鍊，流傳至今，光芒耀人；

不僅使我們能領悟前人的智慧，同時也增深加廣我們思考的深度與視野。

我們決心投入巨資，有計畫的系統梳選，成立「經典名著文庫」，

希望收入古今中外思想性的、充滿睿智與獨見的經典、名著。

這是一項理想性的、永續性的巨大出版工程。

不在意讀者的眾寡，只考慮它的學術價值，力求完整展現先哲思想的軌跡；

為知識界開啟一片智慧之窗，營造一座百花綻放的世界文明公園，

任君遨遊、取菁吸蜜、嘉惠學子！